ねんてん先生の文学のある日々

坪内稔典

新日本出版社

ねんてん先生の文学のある日々＊目　次

Ⅰ　文学のある日々　*5*

カバー・挿画＝佐々木知子

Ⅰ　文学のある日々

初出「しんぶん赤旗」連載（二〇一五年三月から一七年一月まで二三回）

1 「サヨナラ」ダケガ人生ダ

つまみ食いが大好き。箸《はし》を使わないで、指でつまんで食べるのがつまみ食いだが、カミさんが料理をしているとき、ちょんちょんとつまんで食べる。テンプラ、肉じゃが、サラダ、ギョウザなど、まずはつまむに限る。

もっとも、時につまみ過ぎて、「そんなにつまんだら、食事の前におなかがいっぱいになるでしょ。ダメ、ダメ、行儀がいつまでも悪いわよ」とカミさんに叱られる。近所にいる小学三年生の孫などは、ジージのつまみ食い発見を楽しみにしていて、見つけるたびにバーバに注進する。

春宵一刻《しゅんしょういっこく》　直《あたい》　千金《せんきん》

花に清香《せいこう》有り　月に陰《かげ》有り
歌管《かかん》　楼台《ろうだい》　声　寂寂《せきせき》
鞦韆《しゅうせん》　院落《いんらく》　夜　沈沈《ちんちん》

中国・宋代の詩人・蘇軾《そしょく》の「春夜《しゅんや》」という詩である。

春の夜は、ほんのひとときが千金に値するほど趣深い。花は清らかに香り、月はおぼろにかすんでいる。高殿《たかどの》から聞こえていた歌声や管弦の音も、今はひっそりと静まって……。

「春宵一刻　直　千金」は覚えている人が多いだろうが、私は「夜　沈沈」も覚えている。先の孫が来ていたとき、「夜　沈沈だ。もう寝よう」と言ったら、孫はそのせりふがすっかり気にいって、以来、「夜　沈沈よ、もう寝るよ」を「おやすみなさい」の代わりにしているという。ジージは変な言葉を教えて……、と母親にこぼされたが、「夜　沈沈」が孫の周囲に笑いやなごやかな気分を広げている。それって、まさに文学の力ではないか。

ちなみに、「鞦韆」はぶらんこ、「院落」は中庭、「沈沈」は夜が静かにふけていくようす、つまり、中庭にぶらんこが垂れており、夜が静かにふけてゆく、それが「鞦韆　院落　夜　沈沈」だ。


文学はつまみ食いをすればよい。つまみ食いをすると文学はとってもうまい。いつのころからか、私はそのように思ってきた。『万葉集』や『源氏物語』、松尾芭蕉《ばしょう》や島崎藤村《とうそん》、北原白秋《はくしゅう》、そしてドストエフスキーも大江健三郎も、ちょんちょんとつまみ食いをすればよい。つまみ食いこそ文学の醍醐味《だいごみ》だ。

もっとも、公金をつまみ食いする、という言い方がある。これはしてはいけないつまみ食いだが、つまみ食いにはいつでもほんの少し悪の感覚が伴っている。文学は始めから終わりまでちゃんと読むべき、という見方、たとえばその見方に対して違反を犯すのがつまみ食いだ。違反するから逆につまみ食いは快楽の度を強めもする。

というわけで、詩歌、小説、評論、随筆など、いわゆる文学と呼ばれるものは、ちょんちょんとつまみ食いをすればよい。

先日、私は卒業するゼミの学生に次の詩句を贈った。

花発《ひら》いて　風雨多し
人生　別離足る

中国・唐代の詩人、于武陵《うぶりょう》の「勧酒」という詩の後半だ。前半は「君に勧む金屈巵《きんくつし》／満酌　辞するを須《もち》いず」だが、次の井伏鱒二《いぶせますじ》の訳（『厄除け詩集』）は原詩よりすてきかも。

井伏鱒二

コノサカヅキヲ受ケテクレ
ドウゾナミナミツガシテオクレ
ハナニアラシノタトヘモアルゾ
「サヨナラ」ダケガ人生ダ

ほんとうは、「サヨナラ」ダケガ人生ダ、と書けばよかったのだが、「花発いて……」と書いて色紙を学生に渡したのは、つまみ食いにちょっと格好をつけたのだった。

2　ヒバリは「魂全体が鳴く」

ヒバリがさえずっている。ピーチクピーチクという声が空から降ってくるが、空中にとどまってさえずるヒバリを揚雲雀《あげひばり》と呼ぶ。揚雲雀といえばまず連想するのは次の詩、声に出して読んでほしい。

春の朝

時は春、
日は朝《あした》、
朝は七時、

片岡に露みちて、
揚雲雀なのりいで、
蝸牛《かたつむり》枝に這《は》ひ、
神、そらに知ろしめす。
すべて世は事も無し。

上田敏《びん》の訳詩集『海潮音《かいちょうおん》』にあるブラウニングの詩。この詩集は一九〇五（明治三十八）年、今から百十年前に出た。この「春の朝」は覚えている人が多いと思うが、春→日→朝、と尻取り的に始まるテンポのよさ、そのリズムが春の朝の快さに読者を引き込む。「片岡」はなだらかに傾斜した丘だ。その丘の草木に露が光っていて、空では揚雲雀がさえずっている。地上では木の枝に蝸牛が這っている。まさに春である。

「神、そらに知ろしめす」は、神が空におられて世界を治めている、という意味だが、この「神」、具体的なカミサマでなく、世界の造物主、あるいは、大自然の法則くらいの意味でとらえたい。大自然の法則の中にいて「すべて世は事も無し」なのだ。

もちろん、世の中にはテロや原発などの問題をはじめとしてさまざまな問題がある。そのことは承知の上で、ある朝、この詩を口ずさみ、つかのまの「すべて世は事も無し」の至福にひたりたい。そのような至福感が文学の醍醐《だいごみ》味なのだ。ちなみに、このごろの私は朝の散歩でヒバリを聞き、その至福感の余韻《よいん》の中で朝食をとる。あんパン一個、牛乳一杯、ハッサク半分、カマンベールチーズ一片。これが最近のメニュー。もう三十年以上、朝はあんパンと決めている。くだものは折々に変わる。

ところで、揚雲雀の登場するもっとも古い日本文学は、『万葉集』にある次の大伴家持《おおとものやかもち》の歌であろう。

うらうらに照れる春日に雲雀あがり情悲しも独りし思へば

うららかな春の日、揚雲雀を聞きながら一人でもの思いをしていると、なぜかとても切ない気持ちになる、という歌だ。

この家持の孤独感、よく分かるなあ。春爛漫《らんまん》の風景の中に一人でいると、私は胸がキュンとなり、時にふと涙腺《るいせん》がゆるんでしまう。七十歳の老人が涙をこぼす、それもまた一つの至福なのかもしれない。

春は眠くなる。猫は鼠《ねずみ》を捕る事を忘れ、人間は借金のある事を忘れる。時には自分の魂の居所さえ忘れて正体がなくなる。ただ菜の花を遠く望んだときに眼が醒《さ》める。雲雀の声を聞いたときに魂のありかが判然する。雲雀の鳴くのは口で鳴

夏目漱石

くのではない、魂全体が鳴くのだ。魂の活動が声にあらわれたもののうちで、あれほど元気のあるものはない。ああ愉快だ。こう思って、こう愉快になるのが詩である。

右は夏目漱石の『草枕』（一九〇六年）の一節。『草枕』は『海潮音』の翌年に世に出た。

それはともかく、ヒバリは「魂全体が鳴く」という言い方がいいなあ。それに、文末が、なる→ない→ある、へと変わってゆく文体のテンポのよさ、それがヒバリの「魂の活動」を生き生きととらえている。この一節はやはり音読し、「ああ愉快だ」の気分にひたりたい。

3　強がる「坊っちゃん」

次の文を音読してほしい。いずれもある小説の書き出しだが、小説の題が分かるだろうか。ヒントはどの小説も主人公が学校の教師である。

A　親譲りの無鉄砲で小供《こども》の時から損ばかりして居る。
B　蓮華寺《れんげじ》では下宿を兼ねた。
C　四里の道は長かった。
D　十年をひと昔というならば、この物語の発端は今からふた昔半もまえのことになる。

四問とも正解の人はかなりの文学マニアかも。Aは夏目漱石の「坊っちゃん」、Bは島崎藤村の「破戒」、Cは田山花袋《かたい》の「田舎教師」、Dは壺井栄の「二十四の瞳」である。

実は、私は二〇一五年三月末に長かった教師生活を終えた。大学を定年退職したのだ。わくわくしてフリーな日々を迎えたつもりだったが、なんと夜明けの夢に、たとえばゼミで議論している光景が現れる。そうかと思うと、試験の採点をしている夢まで見る。長年の職業意識からすぐには抜け出せない気配なのだ。それで、ふと思いついて、かつて読んだ教師を主人公にした小説を再読した。自分の中にある教師的な意識を客観化してその意識から離れる、そのためには再読がいいかも、と思ったのだ。

再読して、とても楽しかったのは「坊っちゃん」であった。その次は「二十四の瞳」。「破戒」と「田舎教師」は主人公がともにまじめで好感がもてるが、あまりわくわくしない。わくわくしない小説はつまらない。いや、小説にかぎらず、映画でも音楽でも絵でも、そして人や食べ物、動物園の動物でも、わくわくさせてくれないとあまり魅力がない。わくわくとは、さてどうなるのかという期待感であり、そういうこともあるのかという驚き。これは私たちの日々を活気づけてくれる大事な要素だ。文学は言葉の働きにおいてそのわくわくを私たちにもたらす。

「坊っちゃん」は一九〇六（明治三十九）年に世に出た。先の四つの小説の中では一番古い。古いばかりか、ある意味で荒唐無稽《こうとうむけい》、きわめて無茶苦茶である。たとえば坊っちゃんの先生ぶり。生徒たちは新任の教師をつけ回し、蕎麦《そば》を何杯食べた、温泉で泳いだなどということを喜んで話題にする。それは新しい教師への歓迎のサインでもあるが、坊っちゃんという新任教師はそのせっかくのサインを受け止めることができない。腐った了見の生徒たち、下劣な根性の生徒たち、と一方的に見下してしまい、ことごとく生徒と対立する。そして、「わざわざ東京から、こんな奴を教へに来たのかと思つたら情けなく」なる。この東京（都会）者の意識はそれこそ情けない。つまらない。

生徒とちゃんと向き合わない坊っちゃんは、教師としては失格かも。だが、この坊っちゃん先生は、「おれでも先生が勤まるのか」と思っている。校長をタヌキ、教頭を赤シャツと名づけ、同僚にも山嵐、野だいこ、うらなりなどとあだ名をつけているが、それはひそかな命名であって、相手をあだ名で呼んでいるわけではない。あだ名をつけることで、相手と自分をひそかに同格にし、「おれでも先生が勤まるのか」という不安をかろうじてなだめているのだ。ちなみに、不安が昂《こう》じてあだ名くらいでなだめることができなくなると、坊っちゃんは清《きよ》へ頼る。清は坊っちゃんが子どものころから家にいたお手伝いさん。何でも受け入れてくれる母のふところみたいな存在だ。坊っちゃんという呼称は、その清が主人公につけたあだ名であった。

TS

要するに、坊っちゃんは教師としては失格に近い。東京者意識を発揮してただ強がるだけ。それなのにこの小説はわくわくして読める。それはどうしてだろう。先にも言ったように、坊っちゃんは「おれでも先生が勤まるのか」と思っている。つまり、自分を信頼していないというか、自己を絶対化していない。自分という存在が不安でたまらない。こういう人って、私たちの原型なのかもしれない。誰もが不安をかかえながら、少し強がって生きている。坊っちゃんはかなりというか、思い切り強がる。私たちの常識を超えて強がる。その強がりに私たち読者はわくわくする。

最後の場面で、山嵐と坊っちゃんは赤シャツと野だいこをぽかぽかなぐってこらしめる。読者の胸もすっとする場面だが、でも私にはいただけない。暴力による鬱憤《うっぷん》晴らしはどんな場合もダメ。坊っちゃんは野だいこの顔に生卵を八つも投げつけ、野だいこの顔を黄身だらけにする。私としては新米教師の坊っちゃんに、駄目だよ、と卵を投げたい。あっ、それも暴力だ！

4　文庫本が好き

文庫本が好き。豪華な画集、斬新な造本の詩集、布表紙の手触りのよい句集なども魅力だが、でも、もっとも軽便で安い文庫本のファンである。

なぜ文庫本のファンなのか。持ち運びが簡単、カバンやポケットに突っ込むことができる。寝転がってでも読めるし、どこかに忘れてなくしてもまた買えばよい。内容がおもしろくなければポイと捨てても惜しくない。要するに軽便で安いことが文庫本ファンになった第一の理由だが、私には実はもう一つ、文庫本にはまったわけがある。

私は四国の佐田岬《さだみさき》半島の村で育った。村には本屋がなく、本を買うには半島の付け根の町へ行かねばならなかった。と言っても、いつでもは行けない。町までは船で約一時間かかる。町に用事のある親について年にせいぜい二、三回出かけた。

小学校の五、六年生のころ、一九五五年ごろだが、町の本屋に入ることを覚えた。というより、文庫本を買うことを覚えたのだ。あるとき、ふと本屋に入ったら、小さな本がずらっとならんでいて、七十円や八十円の定価がついていた。私は小遣いとして百円をもらっていた。「あっ、買える！」と興奮して、読めそうな本を探した。字のあまり詰まっていない本を選び出し、『若山牧水歌集』（角川文庫）を買った。八十円だった。

その日、帰りの船のデッキで、潮風に吹かれながら牧水の歌を音読した。意味はあまり分からなかったが、声に出すととてもいい気分になった。

白鳥はかなしからずや空の青海のあをにも染まずただよふ

摘みてはすて摘みてはすてし野のはなの我等があとにとほく続きぬ

空も海も真っ青、水平線がくっきりと見え、カモメが航跡に飛んでいた。そのような風景の中で、「白鳥は……」と読むと、私自身が鳥になるのであった。また、摘んでは捨てる野の花は、私の乗っている船の水脈のように見えた。後になって、この歌の「我等」は不倫の仲の二人なのだと知ってややがっかりしたが。『八木重吉詩集』（創元文庫）もそのころに読んだ。これは今ではぼろぼろ、表紙が取れかかっているが、「光」という次の詩に感動したらしく、小学生の私は赤い丸印を付けている。

ひかりとあそびたい
わらつたり

哭《な》いたり
つきとばしあつたりしてあそびたい

実は、文庫本を買うようになったころ、私は無口な少年だった。当時、正確に話すことが大事だ、よく考えて話しなさい、と教室で教えられ、私はそれを実行しようとした。考えをまとめて話そうとしたのだ。ところが、考えているうちに話題は次へ移ることが多く、私はしばしば話すチャンスを逃した。そうしたことが続いて、結局、私はあまり話さない無口な子になった。話すことが苦手になったのだ。

話すことが苦手になったちょうどそのころ、私は文庫本に出会ったのである。普段の暮らしでは言葉につまずいた感じだったが、文庫本を音読すると心がのびのびと広がった。私は町へ出るたびにせっせと文庫本を買った。

文庫本を通して私は言葉の力を実感したのかもしれない。今でも私は話し下手、ことに初対面の場では話の接ぎ穂に苦労する。そんな私が、話し嫌い、言葉嫌いにならずにすんだのは、文庫本が手に入ったから、という気がする。いや、言葉に関わる仕事をするようになったのも、文庫本を通して言葉の魅力に触れたからかも。では、八木重吉の詩「草をむしる」を引く。

草をむしれば
あたりが　かるくなつてくる
わたしが
草をむしつてゐるだけになつてくる

この詩の影響だろうか、私は草引きが大好きだ。

5　カとハエとナメクジと

それはとんまなカだったのか。そのカ、便器上で圧死していた。事件の経過を想像するとほぼ次のようであったと思われる。

そのカは人にくっつき、血を吸っているうちに、その人といっしょにトイレに入った。血を吸って満足していたら、その人はトイレを出てしまった。それで、カはトイレに取り残された。どうして外へ出ようかと思案していたところ、別の人が入ってきた。その人、用を足すためにズボンをおろした。カはとっさに尻に飛びつき、血を吸う態勢をとった。ところが、むき出しの尻は勢いよく便器へすわった。カは便器に圧しつけられてあえなくつぶれてしまった。

というわけで、ズボンをあげたその人は便器上に圧死しているカを発見した。

かすかに赤い血がにじんでいた。カにも運の悪いやつがいるんだな、と思って、その人はトイレットペーパーでていねいにカの死骸をぬぐった。
カの便器上圧死事件にかかわったその人は私である。尻にカを止まらせた私もとんまかも。

それはともかく、夏はカなどの虫の季節だ。カ、ハエ、ナメクジ、クモ、アリなどは、とても身近な虫だが、でも、これらの虫を嫌がる人が多い。カに至っては、近年は要注意の虫になっている。二〇一四年、デング熱が発生、この病菌を媒介するカが不倶戴天《ふぐたいてん》の敵のように嫌われているのだ。でも、文学の世界では必ずしも嫌われておらず、逆に愛されている。

わが宿は蚊の小さきを馳走かな　　松尾芭蕉

蚊の中へおつ転がしておく子かな　小林一茶

芭蕉は自宅のカの小さいことを自慢し、わがやのご馳走《ちそう》だ、と表現している。つまり、小さいカをおもしろがっている。一茶に至っては、カの中へ子どもを転がし、カの中でこそ子は育つと言わんばかり。彼には「蚊の声に子の育たざる門もなし」もあるが、カの声がにぎやかな家では子どもが元気に育っている、というのが一茶の考えだった。

カとともに嫌われてきたのはハエ。こちらは『枕草子』でにくき物、かわいげのない物とされ、「人の名につきたる、いとうとまし」と言われている。清少納言の時代にはハエが人の名前になっていたらしい。馬飼いのハエとか、魚屋のハエコなんて人がいたのだろうか。

もっとも、ハエは今では少なくなった。私の少年時代など、夏の食卓ではハエ

を追うことがいつものことだった。ハエ取り器やハエたたきは必需品だった。現在、私たちはそのハエの襲来からはほぼ免れている。

『枕草子』には「いみじうきたなきもの、なめくぢ」とある。ひどく汚いものはナメクジだ、というのだが、現在、もっとも嫌われているのはナメクジかも。庭の花や菜園の野菜などを食べるので、いわば敵視されているのだ。私のカミさんは、このところ、ナメクジ退治に余念がない。懐中電灯、ビニール袋、割りばしを持って家のまわりの花や野菜へかがみこんでいる。割りばしでつかみ、ビニール袋に入れるのだ。少しでも気を抜くと食べられてしまう、がカミさんの言い分だ。

実は、私はナメコロジー研究会からナメコロジー大賞をもらっている。

〈右の者は、清少納言が『枕草子』で「いみじうきたなきもの」と書いて以来、偏見でみられがちなナメクジを温かいまなざしでとらえ、ナメクジ文化の振興普及に貢献した。

よってナメコロジー大賞を授与する。〉

これが表彰状の全文。ナメコロジー研究会の代表、足立則夫さんからこの表彰状をもらったのは二〇〇六年であった。ナメコロジーとはナメクジとエコロジーを合体させた足立さんの造語だが、ナメコロジー研究会はナメクジに学ぼうという会である。

足立さんはナメクジ界の実情を知るためにナメクジ調査を行った。あなたの庭や畑にいるのは何ナメクジですか、という調査である。今日、普通にみかけるナメクジはチャコウラ、またはフタスジ。前者は背に甲羅《こうら》のようなものがあり、太平洋戦争後に米国からやってきた。よく食べよく動くナメクジで、実はこれが現代のナメクジ界を席巻している。後者のフタスジは在来種、背に二、三本の筋のようなものがある。少食でスローだが、チャコウラに押されている。

私は講演や句会の際に調査票を配り、ナメコロジー研究会を宣伝した。その功が認められてナメコロジー大賞をもらったのである。
ちなみに、足立さんは『ナメクジの言い分』（岩波科学ライブラリー）という楽しい本を出している。では、「ナメクジ文化の振興普及に貢献した」私の句をどうぞ。

なめくじのへの三匹が同じ向き

6　おうい雲よ

日和雲《ひよりぐも》を知っているだろうか。とてもよい天気の日、青い空に薄い白い雲が流れている。その雲を見あげていると、なんだかよい気分になってくる。そのような雲が日和雲だ。

この日和雲、正岡子規の造語である。子規は肺結核が悪化し、晩年の数年は寝たきりの重病人だった。その病人にとって、病室から見える庭の草花や空模様は楽しみの最たるものだった。ある年、それは一八九八年十二月だが、子規は半月の間雲を観察、「雲の日記」を書いた。その日記の最初の日、病室の障子を開けると外はよく晴れていた。

正岡子規

「空青くして上野の森の上に白く薄き雲少しばかり流れたるいと心地よし。われこの雲を日和雲と名づく」。ちなみに、文中の「上野の森」は東京の上野公園である。

むさし野に立ち並びけり雲の峰

鉄橋に頭出しけり雲の峰

物干のうしろにわくや雲の峰

これらは子規の俳句である。「雲の峰」はいわゆる入道雲だが、俳句ではもっぱら雲の峰と呼ばれて代表的な夏の季語になっている。子規の句では関東平野のあちこちに、そして鉄橋や物干し場の背後にむくむくと雲の峰がそびえている。

雲の峰は現代の気象用語では積乱雲である。積乱雲は集中豪雨や竜巻、雹《ひょう》などをもたらす要注意の雲だ。

子規の時代、そして私の若い日にも、雲の峰は夕立をもたらす雲だった。ところが近年、積乱雲といえば集中豪雨、集中豪雨と言えば積乱雲という感じになって、夕立という言葉がどこかへ消えた。不意の夕立にあって軒下へかけこむと、そこで思いがけない出会いが生じる、そうした夕立のロマンスなどもかつてはあったらしい。

ともあれ、夕立が集中豪雨にとってかわられたところに現代の問題が露出しているかも。歌川広重《うたがわひろしげ》に有名な夕立の浮世絵があるが、夕立は人々の出会いや浮世絵など、すなわち文化をもたらす雨だった。でも集中豪雨は被害ばかり。積乱雲と集中豪雨というセットには早く退却してもらい、雲の峰と夕立を再び手にしたい。

そういえば、次のようなことがあった。高校生の夏、友人に付き添って彼の恋人の家を訪ねた。手土産は彼の家で育てた大きなスイカ一つ。そのスイカを私ともう一人の友人が運んだ。つまり、三人ででかけたのだ。彼女の家がやっと見えてきた。家の背後にでっかい雲の峰が育っていた。やれやれという感じになって、私はスイカを提げた手の力を抜いた。もう一人の友人も同じ気分になったのだろう、スイカはアスファルトに落ちてぱっくり割れた。スイカの真っ赤な果肉と真っ白い雲の峰、そしてこのうえなく落胆した友人の顔。半世紀以上も昔のその日の光景は今なお鮮明だ。

余談に及んだが、子規の親友だった夏目漱石の小説「三四郎」でも雲がとても印象的。三四郎と、三四郎が恋している美禰子《みねこ》さんとは、なんどか雲を見あげて雲の話をする。美禰子さんは雲がとても好きな女性である。

漱石は小説を書きながら、楽しみとして漢詩を作ったが、その漢詩に「白雲おのずから悠々」というフレーズがある。「白い雲はとても自由だ」というのだが、彼にとって白雲は仙郷、すなわちこの世とは別の世界（ユートピア）であった。
次に引くのは山村暮鳥《やまむらぼちょう》の詩集『雲』（一九二五年）の一編。この詩集を読んだのは中学生のころだが、そのころからこの詩が大好き。磐城平《いわきだいら》は今の福島県いわき市のあたり。

おうい雲よ
ゆうゆうと
馬鹿にのんきさうぢやないか
どこまでゆくんだ
ずつと磐城平の方までゆくんか

雲を見上げるたびに、私もまた「おうい雲よ」と呼びかけ、その場に応じて「北陸へゆくんか」「鳥取砂丘へゆくんか」などと問いかけている。

7　本の重量、『火花』二百五十グラム

あちこちで火山が活動している。火山というと夏目漱石の「二百十日」、立原道造の詩などを連想する。

「二百十日」（一九〇六年）は二人の青年が阿蘇山に登る話。二人の会話がとても楽しい。

「おい、もう飯だ、起きないか」

「うん。起きないよ」

こんな会話が延々と展開する。「うん」と返事したら、「起きるよ」と続くのが

普通だが、そうならないところが楽しいのだ。では、もう一度、小説の最後に近いところの会話を引こう。

「我々が世の中に生活している第一の目的は、こう云う文明の怪獣を打ち殺して、金も力もない、平民に幾分でも安慰を与えるのにあるだろう」

「ある。うん。あるよ」

ここは二人の会話が一致しているが、二人が打ち殺す「文明の怪獣」は世にはばかる華族（特権階級）や金持ちである。話が一致した二人は、「そこでともかくも阿蘇へ登ろう」「うん、ともかくも阿蘇へ登るがよかろう」ということになる。次はこの会話に続く小説の結びの文である。

「二人の頭の上では二百十一日の阿蘇が轟々《ごうごう》と百年の不平を限りなき碧空《へきくう》に吐き出している。」（角川文庫『草枕・二百十日』）

阿蘇山の噴煙、すなわち「百年の不平」は青年たちの不平でもある。「二百十日」という小説はテンポの速い軽妙な会話がユーモラスに展開する小説なのだが、実は当世への手厳しい批評を示してもいる。

ささやかな地異は　そのかたみに／灰を降らした　この村に　ひとしきり／灰はかなしい追憶のやうに　音立てて／樹木の梢に　家々の屋根に　降りしきつた

右は立原道造の詩「はじめてのものに」の第一連。「地異」は地上の異変、この詩の場合は火山の噴火だ。この詩、作者の第一詩集『萱草に寄す《わすれぐさ》』（一九三七年）の冒頭にあり、道造の愛した四連十四行からなるソネットという形式でできている。引用に続く第二連は「その夜　月は明《あか》かつたが　私はひとと／窓に凭《もた》れて語りあつた」と続く。ちなみに、私が開いている道造の本は『日本詩人全集』（新潮社）の第二十八巻、この巻には伊藤静雄、立原道造、丸山薫が収められている。

道造の詩の火山は浅間山だが、島崎藤村の「千曲川のスケッチ」（一九一二年）に浅間山の話題があったことを思い出し、書庫から『藤村全集』（筑摩書房）を出してきた。その第五巻五十四ページに「此節、浅間は日によつて八回も煙を噴《は》くことがある。『ああ復《ま》た浅間が焼ける』と土地の人は言ひ合ふのが癖だ。」とあった。浅間山が活発に火山活動をしていたことが分かる。

ここまで書いたとき、近所に住む小学四年の孫がやってきた。机上の『藤村全集』を持ちあげ、「あっ、重い！」と叫び、「地震の時に頭に落ちたら即死だよ」と言った。それで、孫といっしょに重さをはかった。箱入りの『藤村全集』第五巻の重量は約一・三キロ、たしかに重い。ちなみに、『草枕・二百十日』は百五十グラム、『日本詩人全集』は三百七十グラムであった。

『藤村全集』が出たのは一九六七年ごろだが、その当時、全集は高価で重いも

のだった。大学生だった私には手が出ず、後年、古書店で買ったが、それでも結構高かった。思いついてインターネットで現在の古書価を調べたら、なんと十八冊の藤村全集が六千円前後。一冊が三百円あまりなのだ。一・三キロが三百円！ショックだった。


「お前は親父さんをなんて呼んでんの？」

「限界集落」

「お母さん、お前のことなんて呼ぶねん？」

「誰に似たんや」


右は話題の又吉直樹の小説『火花』（文藝春秋）の一節。超ベストセラーのこの小説も二人の青年の会話が火花を散らす。その会話、冒頭の「二百十日」の会話のように楽しい。ちなみに、『火花』の重量はカバー、帯付きで二百五十グラム。

8　柿の季節がやってきた

柿の収穫を楽しんでいる。一個を採って妻と半分こして食べる。九月中旬からそれが毎朝の楽しみになっている。柿は早秋柿《そうしゅうがき》。西村早生《わせ》とほぼ同時に収穫できる早生の柿の代表的品種だ。わが家にはこの早秋と次郎柿があり、次郎の方は青いうちに実が落ちてしまい、枝に残っているのはただ一個。収穫はまだ先である。

右のように書くと、ネンテンさんの家は広いのだな、柿の木が二本もあるんだ、と思われるだろうが、実はわが家の柿の木は鉢植えである。猫の額の庭には柿を地植えできる余裕がない。柿を鉢植えして数年になるが、去年は青いうちに実がすべて落ちてしまった。今年は位置を変えて日当たりを調整し、水を丹念にやって、やっと十三個が色づいた。それを順に収穫しているわけで、十月上旬にほぼ食べつくすだろう。その後は一個の次郎の熟れるのを待つ。

私は大の柿好き。柿、動物のカバ、あんパンが三大好物である。あんパンはほぼ毎朝食べるので、柿の時期にはあんパンと柿が朝食だ。リュックにあんパンと柿を入れて動物園へカバを見に行くのは、私の秋の最大のぜいたくである。カバを眺めながらあんパンと柿を食べる。

ところで、柿好きになったきっかけは、はっきりしている。今から三十年くらい前に柿を主題にしたテレビ番組を作った。各地に柿を訪ね、柿にまつわる習俗などを紹介する番組だった。その番組作りが機縁で柿好きになった。

番組の制作者は柿について語ることのできる出演者を探したが、適当な人が見つからなかったらしい。ふと、子規は大の柿好き、子規の研究者のネンテンさんだと柿に詳しいかも、と思った。それで彼は私のところへ来たのだが、残念ながら当時の私は柿にほとんど興味がなかった。でも、この際、柿の産地などを歩き、勉強しながら番組作りに協力しよう、ということになった。番組作りを通して私はたちまち柿に魅せられた。

柿くへば鐘が鳴るなり法隆寺

これは子規の代表句。実は、この句が作られたのは今から百二十年前、すなわち明治二十八（一八九五）年の十月下旬。そのころ、子規は奈良を訪ねた。随筆「くだもの」によると、東大寺前の宿で子規はどんぶり鉢に盛った柿を食べた。元々彼は柿好きで、学生時代には樽柿（渋抜きした柿）を一度に七つか八つ食べるのが常習だった。

奈良の宿では十六、七歳のお手伝いさんが柿をむいてくれた。そのお手伝いさ

TS

ん、色白で、まるで梅の花の精みたい、と子規はうっとりしていた。その時、ボーンと鐘が鳴った。「彼女は、オヤ初夜が鳴るというてなお柿をむきつづけている」と子規は書いている。初夜の鐘は寺院で午後八時ごろに鳴らす鐘だが、もちろん、子規は初夜という語に別の意味を連想した。だから、子規は「余にはこの初夜というのが非常に珍らしく面白かったのである」とも書いた。彼は眼前の娘との新婚初夜を連想し、ひそかに顔を赤くしたのだろう。

随筆「くだもの」は岩波文庫の『飯待つ間―正岡子規随筆選―』に収録されており、私はそれから引用しているのだが、「くだもの」に書かれた話の通りだと、「柿くへば鐘が鳴るなり東大寺」であるべきかも。私見ではそれが原案であった。子規はその翌日だかに法隆寺へ行き、東大寺を法隆寺に変えたのである。田園の中の古刹《こさつ》、法隆寺を舞台にしたことで、鐘の音が広く遠く響く名句になった。

ちなみに、十月二十六日は全国果樹研究連合会が「柿の日」と決めている。この日に子規が先の句を詠んだということにちなむが、ほんとうはこの日に詠んだのかどうかははっきりしない。ともあれ、十月、十一月は柿の季節、来月もまた柿と文学の話をしたい。

9　柿からＫＡＫＩへ

日本の秋といえば、白壁と柿、あるいは、わらぶき屋根と柿という風景が典型的であった。五十年くらい前まではたいていの家に柿の木があり、柿は秋を代表する風物だった。

たとえば、江戸時代、結婚に際して嫁は実家から柿の枝を持参した。その枝は嫁ぎ先の柿に接ぎ木された。嫁が生涯を終えたとき、その柿の枝が火葬の薪や骨を拾う箸にされたという。つまり、柿の木は一人の女性のシンボルとも言える木であった。

里古りて柿の木持たぬ家もなし

古い村にはどの家にも柿の木があるという芭蕉の句だが、私見ではその柿は代々の嫁が残した柿の木だった。このあたりの詳しいことは私の柿に関わるエッセー集『柿日和』（岩波書店）を見てほしいが、柿は文学においても以下のような意味を担っている。

『源氏物語』や『古今和歌集』が代表する平安時代の文学は雅の文学であった。雅の文学の特色は、言葉が日常語（俗語）でなく雅語《がご》であったこと。日常語の代表は食べ物の名前だが、『伊勢物語』『枕草子』などにはほとんど食べ物は出てない。和歌、たとえば百人一首にも食べ物はない。

『伊勢物語』に河内の国に恋人ができて男が通う話がある。男女がすっかり親しくなったある日、女が自分でしゃもじを手にしてご飯を盛った。それを見た男は、「心憂《こころう》がりて」（いやになって）通わなくなってしまった。つまり、女をふったのだが、食べ物に触ることは避けるべきこと、雅から遠い行為だった。
要するに、平安時代の貴族を中心にした雅の文学は、食べ物を俗として嫌う文学だった。当然ながら、食べ物の柿は文学に登場しない。貴族の屋敷には柿があり、柿の実は大事な甘味料だったようだが、でもそれは文学とは別だった。ちなみに、『万葉集』には柿本人麻呂《かきのもとのひとまろ》という大歌人がいた。彼の家の門に大きな柿の木があったので、柿本と名乗ったというが、彼にも柿の実の歌はない。

柿が文学に堂々と登場するのは、近世、すなわち江戸時代に入ってからである。江戸時代に文学は大きく転換した。日常語、流行語、外来語などの俗語を使った俗《ぞく》の文学が大流行。雅と俗のせめぎ合いが活発になる。その典型が芭蕉などの俳句（当時は俳諧《はいかい》と呼んだ）であり、それは俗に重心をおいた表現だった。

煮麺《にゅうめん》の下焚きたつる夜寒かな

葱《ねぎ》白く洗ひあげたる寒さかな

鶯《うぐいす》や餅に糞する縁の先

煮麵、葱、餅という食べ物がこれらの句の大事な役割を果たしている。食べ物を避けた平安時代と比べると、江戸時代は食べ物が主役になる時代であった。では、江戸時代も終わりに近づいたころの小林一茶の柿の句を見よう。

頰べたにあてなどするや赤い柿

くやしくも熟柿仲間の坐につきぬ

「頬べた」はほっぺた。赤い柿を頬に当てているようすが童画的でかわいい。「くやしくも」は歯がなくなって堅い柿が食べられなくなった気持ち。「熟柿仲間」は歯のない老人組だ。一茶の俳句からは柿が暮らしの中で楽しまれているようすがよく分かる。

さて、これから柿はどうなってゆくだろう。実は、柿はＫＡＫＩとして世界に広がっている。イタリアなどでは高級な果実として人気が高いらしい。やがてＫＡＫＩの世界的文学が生まれるかも。

10　闇鍋で忘年会をしよう

今夜は鍋にしよう、と思う時期である。と言っても、私にできるものはほとんどない。スーパーで鍋セットを買ってくるとなんとかなるが、それでは少しさびしいかも。手間暇をかけてこそうまい鍋、という気分が私にはある。

かろうじてできるのはすき焼きである。大学生時代を学生寮で過ごしたが、コンパと言えば自分らですき焼きをすることだった。手分けして肉や野菜を買い、七輪《しちりん》に火をおこした。すき焼き用の七輪が寮にはたくさん用意されていた。牛肉、葱《ねぎ》、白菜、豆腐、コンニャク、それらを砂糖と醬油《しょうゆ》で味付けし、焦げそうになると飲んでいる日本酒を入れた。荒っぽい料理だった。

夏目漱石の『坊っちゃん』（一九〇六年）を見ていたら、山嵐が牛肉を買ってきて、坊っちゃんといっしょに食べる場面がある。牛肉は竹の皮に包んだもの。坊っちゃんは下宿のおばあさんから鍋と砂糖をかりてすぐに料理にかかる。醤油や野菜については書かれていないが、まさか牛肉の砂糖煮をしたのではないだろう。多分、牛鍋、すなわち、すき焼きを男二人で楽しんだのだ。

牛鍋屋に集まった人々を描いた仮名垣魯文《かながきろぶん》の『牛店雑談《うしやぞうだん》　安愚楽鍋《あぐらなべ》』（一八七一年）には、牛鍋食わねば開けぬ奴、という表現がある。牛鍋は文明開化の象徴みたいな食べ物だった。

その文明開化の象徴の伝統を、私のいた学生寮のすき焼きは引き継いでいたのかもしれない。すき焼きをしながら恋を論じ、哲学的議論をし、あるべき政治を弁じた。もちろん、酔っぱらって春歌に至るのが習いだったが。

今思いだしたが、コンパの終わりには、一人の学生を真っ裸にし、皆でかつい

で鴨川に捨てた。酔いに乗じた蛮行だが、それはすき焼きに付き物の学生寮の伝統だった。

そのすき焼き、いつの間にか影が薄くなっている。砂糖を大量に使うことが敬遠されたのだと思うが、わが家でもすき焼きをすることはほとんどない。その代わりに各種の鍋を楽しんでいる。あんこう鍋、かき鍋、ちゃんこ鍋、とり鍋、もつ鍋などいろいろ。

さて、この冬に私がしたい鍋がある。闇鍋《やみなべ》である。闇汁とも言うが、正岡子規のエッセー「闇汁図解」（一八九九年）を読むと、この鍋、実に楽しそうだ。

参加者が思い思いの物を持参、あるいは買ってきて、誰にも分からないようにして鍋に入れて煮る。それが闇鍋だが、子規たちは大人十人、子ども一人でその闇鍋をした。

食材を買って来た者は、台所に入り、自分で洗い自分で切る。くすくす笑ったり、大笑いしたりしながら。俳句を作りながら煮えるのを待っていたら、やがて煮えた。皆、「鼻息を荒くして鍋の中を睥睨《へいげい》」した。順々に中身を杓子《しやくし》で取る。豚、魚、餅、竹輪、などが出て来る。河東碧梧桐《かわひがしへきごとう》は、「ヤーヤー餡餅がかかったぞ。誰だ誰だ、大福を入れたのは」と叫んだ。次に引くのは子規の文章「闇汁図解」である。

「鳴雪翁《めいせつ》曰く、うまい。碧梧桐曰く、うまい。四方太《しほうだ》曰く、うまい。繞石《じようせき》曰く、うまい。我曰く、うまい。虚子《きよし》曰く、うまい。露月《ろげつ》独り言はず、立ちどころに三椀を尽す。」

闇汁や芋蕪アンド、ソー、フォース　繞石
闇汁に麩《ふ》を投げ込んで月と見む　牛伴《ぎゆうはん》
芋入れて汁が煮えくりかえるかな　四方太

これはその日のことを詠んだ句。「アンド、ソー、フォース」はその他いろいろ、つまりエトセトラである。子規を囲む俳人たちの楽しいようすはこれらの句からもうかがえる。

という次第で、私も闇鍋を催したい。仲間に声をかけ、それぞれに食材を持ち寄ってもらう。鍋は醬油味と決めておこう。何を鍋に入れるか、それを考えるだけでもわくわくする。闇鍋で忘年会をしよう、これが呼びかけの文句である。

11　おめでたい人

たとえば誕生日に「おめでとう」と言われたら、「ありがとう」と返礼する。たいていの祝い事では「ありがとう」と返礼するが、正月だけは「おめでとう」と挨拶されたら、「おめでとう」と返す。誕生や結婚、就職などと違って誰かが個人的にめでたいのではない。めでたいものは皆が共有している、それが正月だ。というようなことを民俗学者の柳田国男が書いている（『新たなる太陽』一九五六年）。

では、めでたいのは何か。柳田はそれを、年神を迎えている安らかな正月の日、と見ていたようだ。年神は松や竹の常緑のものに乗せて家に迎えた。年神は歳徳神《としとくじん》とか正月さまとも呼ぶが、白い髭《ひげ》をはやしており、先祖のイメージであった。また、お年玉を持って来るのだから日本版サンタクロースでもある。この年神を迎えているしるしに家の門口、井戸やかまどなどにしめを飾った。しめ飾りは、ここに神がいます、という聖域の表示である。

もっとも柳田とは違った見方もある。柳田とともに民俗学を深めた折口信夫《おりくちしのぶ》は、長上の者の健在を祝い、服従を誓う挨拶が「おめでとう」だったと言っている（『大嘗祭《だいじょうさい》の本義』一九二八年）。

こういう見方もあるのだが、要するに、年神とか長上の者とともに安らかに過ごす、それが正月であった。柳田は先の『新たなる太陽』で次のように正月風景を描いている。

「正月には家の人が皆ゆつたりとして、決して怒つたり大きな声を出したりしない。仕事は暮のうちに、すつかり片付けて置くから、誰も忙しいといふ者が無い。隣や親類の人々が訪ねて来て、今年も何事無く楽しく暮したいといふやうな話をする。外がよく晴れて小鳥などが飛びあるくと、みんながそれに気がついてよいお正月だといふ。めでたいといふのはかういふことだ、いはふといふのはかうして居ることだつたと、子供にも自然にわかつて来る。それが何よりも我々にはうれしかつたのである。」

「いはふ」は祝うだが、正月は「幸福の理想」が示された日、だとも柳田は述べている。人々はにこにこし、食べ物はたっぷりあった。小鳥までも楽しそうにしている。物事をいつでもよい面ばかりから見たり考えたりする人を「おめでたい人」と呼ぶが、正月の人々はまさにそのおめでたい人々であった、とも柳田は言う。

こんにち、正月に年神を迎える意識はかなり希薄になっている。しめ飾りはスーパーなどで買う新年のしるしだし、おせちだって神に供えるものという意味はほとんどなく、デパートなどに特注する新年のごちそうだ。農業から離れ、都市

的暮らしをしている多くの人々には、もはやかつての年神を迎えたり長上を祝ったりした正月は存在しないだろう。

それでも、私たちは今なお、一年の計は正月（あるいは元旦）にあり、と思う。年頭に立てる計画はなぜか大事なのだ。柳田が描いた「おめでたい人」になって私たちは年頭の計画を立てている、と言ってよいだろう。


そういえば、俳句の季語には「初」の字のつくものが多い。初夢、初詣、初笑、初荷、初仕事など。初日、初空、初山河などもあって、自然にも初の字を冠する。「初」にはおめでたいという意味がこめられている。一富士二鷹のようなよい夢を見たら一年間の幸福が約束されるし、初詣に行くとやはり一年間の幸福や健康を授かる。私には「初句会」という行事もある。その年の最初の句会が初句会であり、これに出ると俳句の腕があがるのだ。

ともあれ、年の初めの一月は、おめでたい人として楽天的にふるまいたい。一切を「初」の気分、つまり柳田が記した正月気分で行ったら、今年はきっとよい年になる。ちなみに、私は申《さる》歳生まれ、今年（二〇一六年）はあたり年かも。

12　春は近い、旅に出よう

記憶力のとてもよい人がいて、小説の一節、いくつもの俳句や短歌をすらすらと口にする。自分の作った俳句さえもほとんど覚えていない私にはとても羨ましい。でも、このところ、覚えない能力があるのではないかと考えるようになった。

何もかもを覚えていたら、頭の中が重くなる気がする。すぐ忘れる者は頭が軽い。頭が軽いと、フットワークも軽くなる。つまり、心身を軽快に保てるのだ。これが覚えない能力のもたらすもの。

と言いながら、覚えられない者の屁理屈《へりくつ》かもしれないな、とも思っている。年を取ると、覚える能力が劣化し、物忘れが進むという。でも、それも考えようだ。覚えない能力が高まる、と見たら気が軽くなるのではないか。

小諸《こもろ》なる古城のほとり
雲白く遊子《ゆうし》悲しむ
緑なす繁蔞《はこべ》は萌えず
若草も籍《し》くによしなし
しろがねの衾《ふすま》の岡辺
日に溶けて淡雪流る

引用したのは島崎藤村の詩「小諸なる古城のほとり」の第一連。この詩は珍しく覚えている。と言っても、正確に覚えているのではなく、だいたいこういう詩だ、という感じで覚えている。まあ、まだらボケ的に覚えていると言ったらよいだろうか。

藤村の詩の「遊子」は旅人である。「しろがねの衾の岡辺」は雪が積もったままの岡（丘）。丘にはまだハコベも芽を出しておらず、若草のハコベに腰をおろすことはできない。それでも、丘の雪は日に溶けて流れている。春が近いのだ。遊子は古城のほとりにたたずんで白い雲を見上げている。白雲には仙郷（ユートピア）のイメージがある。この世とは別の世界を夢見て旅人はたたずんでいるのだ。

藤村が詩人として活躍していた明治時代、文学は今のように黙読するものではなかった。現代の私たちは、文学に限らず新聞、雑誌、本、メールなどを黙って読む。黙読が私たちの普通の読み方になっているのだが、たとえば藤村の自伝的小説「桜の実の熟する時」（一九一九年）を見ると、学生時代の藤村たちは本でも原稿でもよく音読している。夕方、学校の寄宿舎の窓からは音読の声が聞こえ

島崎藤村

てくる、という描写もある。

夏目漱石は「吾輩は猫である」によって小説家としてデビューしたが、一九〇五年から雑誌に連載されたこの小説も、雑誌に載る前にまず音読して鑑賞された。高浜虚子などがやっていた文章の研究会で音読されたのだが、その会で好評だったので雑誌に載ることになったのである。以上のような成り立ちの「吾輩は猫である」は黙って読むよりも音読するほうがずっと楽しい。「坊っちゃん」や「草枕」などの漱石の初期の小説は音読すると楽しさが増す小説なのだ。

というわけなので、「小諸なる古城のほとり」もぜひ音読してほしい。この詩の二連目も引こう。

あたゝかき光はあれど
野に満つる香《かおり》も知らず

浅くのみ春は霞みて
麦の色はつかに青し
旅人の群はいくつか
畠中の道を急ぎぬ

「はつかに」はわずかに。「浅くのみ春は霞みて」はまだ実際の春が遠いこと。この詩の風景は早春、すなわち二月ではないだろうか。二月は初旬に立春があって、暦の上では春である。各地で梅が咲き、雪をもたげてフキノトウが顔を出す。私もリュックを背負って旅に出よう。寒がりだからどこかの海辺がいい。

13 磯巾着に会いに行く

手紙やはがきが届くと、私の名を年典、念典、念展、捻転などと書いているものがある。捻転はひねってころがすという意味、このように誤記した人から講演の依頼を受けたときなどはさすがにひるむ。

私の本名はトシノリである。でも、トシノリとは読みにくいので、子どものころからネンテンと呼ばれてきた。喧嘩をすると、ネンテンがチョウネンテンになった。病気の腸捻転はひどく痛いと言うし、実際に腸捻転になった人には悪いが、ネンテンとかチョウネンテンと言われるといやだった。ちゃんと呼んでくれ、というのが私の願望だった。

でも、その願望はいっこうにかなわなかった。二十代半ばに女子高の教員になったが、私はたちまちネンテン先生と呼ばれた。ネンテンという呼称への抵抗は並大抵ではない。無駄な抵抗かもしれない、と思いだしたころ、私の一つの俳句が話題になった。

三月の甘納豆のうふふふふ

三十八歳のときの作だが、この句は「一月の甘納豆はやせてます」「二月には甘納豆と坂くだる」「四月には死んだまねする甘納豆」「五月来て困ってしまう甘納豆」と共にある雑誌に発表した。中年の自分を甘納豆に置き替えたのだが、なぜか三月の句が話題になった。面白いと言う人と、こんなものは俳句ではないと言う人が、にぎやかに議論を始めたのだ。あれあれっという感じでこの句は多くの人に覚えられた。

今でもそうだが、以来、各地の甘納豆がわが家に届く。この句のおかげ（？）で、ネンテンは甘納豆好きと思われているのだ。実は、句を作った当座はさほど好きでなかった。でも、甘納豆を贈られ、甘納豆のメーカーからもどさっともらったりして、だんだん好きになってきた。つまり、甘納豆好きのネンテンを自分でもなんとなく受け入れるようになったのである。

夏目漱石は「吾輩は猫である」によって小説家デビューを果たした。モデルになった猫が死んだとき、漱石は死亡通知を懇意の者に出している。

「辱知《じょくち》猫儀久々病気の処、療養不相叶《あいかなわず》、昨夜いつの間にか、うらの物置のヘッツイの上にて逝去致《いたし》候《そうろう》。埋葬の儀は車屋をたのみ箱詰にて裏の庭先にて執行仕《つかまつり》候。但主人『三四郎』執筆中につき御会葬には及び不申《もうさず》候。以上」

句読点をつけたりして引いたが、辱知猫儀はご存じの猫は、という意味、ヘッツイはかまどである。このような死亡通知を書いてもらった猫は幸せかも。

ちなみに、漱石の死後、漱石夫人は猫の命日を大切にし、供養として近所の子どもたちに菓子をふるまったらしい。猫は夏目家の恩人というか、猫によって夫の漱石は小説家になった、という意識が夫人には強かったのだろう。

現在、甘納豆やあんパンは私の大好物だが、これらは春先、ことに三月にうまいと思う。リュックに入れてちょっとした一人旅をし、たとえば海辺で食べるなんて最高だ。ああ、海辺へ行きたくなってきた。

次は近年の私の句である。

多分だが磯巾着《いそぎんちゃく》は義理堅い

えっ、これでも俳句か、という反応がありそうだが、磯巾着は春の季語だし、五七五の定型にもちゃんとなっている。それでもなお疑問が生じるとしたら、磯巾着は義理堅いという見方の可否だろうが、それは磯巾着に会って確かめてもらうほかはない。和名を石牡丹、英語ではsea anemone（海のアネモネ）と呼ばれる磯巾着は、とても優雅、触手をゆらゆらさせながら、まるで海辺の春の女神みたい。私は親交を結び、できたら磯巾着のネンテン、と呼ばれたい。もちろん、磯巾着は義理堅いはず。ともあれ、磯巾着に会いに行かなくては。行かないと義理が果たせない。

14　桜の花の下で

桜三品、を挙げてみよう。桜の品種や桜の名所のことではない。桜を描いた文学作品の私が選ぶベストスリーだ。

まずは坂口安吾《あんご》の「桜の森の満開の下」（一九四七年）。この小説、「桜の花が咲くと人々は酒をぶらさげたり団子をたべて花の下を歩いて絶景だの春ランマンだのと浮かれて陽気になりますが、これは嘘です」と始まる。

陽気な花見が始まったのは江戸時代からで、それ以前の桜の森はとても怖い場所だった。その怖さを鈴鹿峠の近くの山中に住む盗賊を通してこの小説は伝える。盗賊は旅人をおそって金品を奪うばかりか、女をさらって妻が七人もあった。新しく奪った八人目は特に美人だった。夫を殺して奪ったその美人の妻は、都に住むことを要求する。男は妻に従って都に移り、夜ごとに首狩りをする。

男が持ち帰った男女の首で妻は首遊びをする。腐って蛆《うじ》のわいた首で人形芝居のようなことをするのだからすさまじい。でも、男は次第に都暮らしに退屈し、山に帰る決意をする。女を連れて山に戻った盗賊は、折から満開の桜の森へ妻を背負って入って行く。

「男は満開の花の下へ歩きこみました。あたりはひっそりと、だんだん冷めたくなるようでした。彼はふと女の手が冷めたくなっているのに気がつきました」

女は鬼になっていた。男は夢中になって鬼の首をしめた。その後で見ると、絞め殺したのは妻であった。やがて、妻の死体に花びらが積んだ。男が花びらを払うと、女の姿は花びらの下から消えていた。そして、かき分けようとした彼の手も彼の身体も消え、「あとに花びらと、冷めたい虚空がはりつめているばかりでした」。

つまり、桜の森の満開の下には虚空があり、虚空が広がっているばかり。その虚空について、「魂が散っていのちがだんだん衰えて行く」ところ、と盗賊は感じていたが、ブラックホールのようなものと見なしてもいいだろう。

桜の下の虚空の怖さ、それをなんとなく私も感じる。ただ一人で満開の桜並木の下を通ったら、魂が冷えていのちが縮む気がする。もしかしたら、たいていの人がそのように感じるので、それで現代人は集団で花見をするのかも。

二作目は梶井基次郎《かじいもとじろう》の「桜の樹の下には」（一九二八年）。これはほぼ二千字の短編だが、小説というより散文詩と呼ぶほうがよさそうだ。「桜の樹の下には屍《し》体《たい》が埋まっている！」という衝撃的な一行から始まる。

馬や犬猫、そして人間などの腐乱した死体を、「桜の根は貪婪《どんらん》な蛸《たこ》のように、それを抱きかかえ、いそぎんちゃくの食糸のような毛根を聚《あつ》めて、その液体を吸っている」。

右のような桜の現実をちゃんと認識したとき、「あの桜の樹の下で酒宴をひらいている村人たちと同じ権利で、花見の酒が呑《の》めそうな気がする」。これがこの作品の結びの文だ。

桜の人々を魅了する美しさ、その美しさの根っこともいうべきものを安吾や基次郎は描いたのである。

「ごはんつぶよく嚙《か》んでゐて桜咲く」（桂信子）。三つ目は句集『草樹』（一九八六年）にあるこの俳句だ。

桜はたくさんの詩歌に詠まれてきた。『古今和歌集』の「世の中にたえて桜のなかりせば春の心はのどけからまし」という在原業平《ありわらのなりひら》の歌は、代表的な桜の歌と言ってよいだろう。桜がなかったら悩まないでのどかに暮らせるのに、という業平の思いは、桜に魅せられてきた人々の思いだ。

ところが、信子の句は花に浮かれていない。悩んでもいない。単に「ごはん」

TS

でなく、「ごはんつぶ」と言ったところに、ごはんの存在感、あるいは日々の暮らしを確実に過ごしている姿勢が感じられるだろう。

　信子に私は大学生のころから親しんできた。彼女は二〇〇四年に九十歳で他界したが、墓がわが家のそばにある。正確に言えばわが家が信子の眠る墓地に接しているのだが、要するに信子とは隣同士、毎年、わが家は墓地で花見をするが、その際、信子も来ていることはいうまでもない。彼女はおにぎりをていねいに食べる。

15　先生は風のように

白髪のもじゃもじゃ頭、これは今や私のトレードマークである。たまに帽子をかぶると、目印がなくなるよ、ととがめられる始末だ。

でも、ある時期まで、もじゃもじゃ、つまり、ひどい縮れ毛がとてもいやだった。ヒツジ、カリフラワー、アベベ、天然パーマ、これらは私のかつてのあだ名だが、縮れ毛がからかいの対象になったのだ。ちなみに、アベベはローマと東京のオリンピックで連続優勝したエチオピアのマラソンランナーである。

五十歳を過ぎたころから白髪が増え、縮れも少しゆるんできた（老化したのだろうが）。五十代の終わり頃、勤めていた大学の付属中学の校長を兼務していたが、卒業式で卒業証書を渡していたら、一人の女子生徒が「先生、頭にさわっていいですか」と言った。びっくりしたが、「どうぞ」と頭をさしだすと、「あっ、ふわふわ！」と言ってその子は卒業していった。そんなこともあって、私はもじゃもじゃ頭に自信？　を持つようになってきた。

「自転車はすうっと鳥のように近づいてきたかと思うと、洋服をきた女が、みんなのほうへにこっとわらいかけて、『おはよう！』と、風のようにいきすぎた」

これは壺井《つぼい》栄《さかえ》の小説『二十四の瞳』（一九五二年）で小説の主人公、大石先生が登場する場面。時代は昭和のはじめの一九二九年、自転車も女性の洋服姿もまだ珍しかった。

先生は大石久子という名前なのだが、小柄だったので子どもたちが小石先生とあだ名をつけた。「大石、小石。大石、小石」と子どもたちが声をそろえてはやす中を、小石先生の自転車は走った。

小説の舞台は小豆島《しょうどしま》。その島の岬の分校に赴任した小石先生は、片道八キロを自転車で通う。小石先生の十二名の一年生とのやりとりがとても生き生きとしている。やがて、小石先生は、彼ら彼女らとともに戦争の時代にまきこまれてゆく。最初の担任だった一年生が小学校を卒業する際、先生は退職を余儀なくされた。子どもの立場から発想する言動が、〝アカ〟的として上司などに毛嫌いされるようになっていたのだ。

この小説の後半は敗戦後の話になるが、当時の子どもたちの様子が次のように描かれている。「子どもらはいつも野に出て、ツバナをたべ、イタドリをたべ、スイバをかじった。土のついたサツマをなまでたべた。みんな回虫がいるらしく、顔色がわるかった」

私は一九四四年生まれ。敗戦直後がちょうど幼少期であり、たしかにツバナ、イタドリを食べ、そしてスイバをかじった。シイノミを拾い、アケビを採った。

TS

なまのサツマイモは食べなかったが、干したサツマイモを煮たまっ黒いカンコロダンゴがおやつだった。時にはそれが主食でもあった。もちろん、たいていの子に回虫がいて、小学校で回虫駆除の薬を飲む日はうれしかった。薬がチョコレートみたいに甘かった。

余談に及んだが、四十歳になった先生は、再び岬の小学校に臨時教師として勤務。かつての一年生の子ども世代を教えることになる。急にふけた感じの先生は、なにかにつけて涙ぐんだり泣いたりするので、こんどは子どもたちがなきみそ先生とあだ名をつけた。

「若葉のにおうような五月はじめのある朝」、先生は教え子たちが催す歓迎会の招待状を受け取る。小説の最終場面はその歓迎会の様子である。

戦争で目玉を失った磯吉が一年生当時の集合写真を前にして、「まん中のこれが先生じゃろ。……こっちが富士子じゃ」と指をさすと、指は写真の人物と少しずつずれ、先生の頬を涙が走る。何度も読んでいるのだが、そこでは読者の私もまた涙をこぼす。

さて、最初に戻るが、私は孫たちにマシュマロジージと呼ばれている。『二十四の瞳』の中にはかつてのマシュマロジージもいるのだ。

16 降っては晴れ晴れては降り

田山花袋の小説『田舎教師』（一九〇九年）を開いている。
「六月に入ると、麦は黄熟して刈取られ、胡瓜《きゅうり》の茎短かきに花を有《も》ち、水草のある処には、蛍が闇を縫って飛んだ。ほそい、ゆきのした、のびる、どくだみ、かもじぐさ、なわしろいちご、つゆぐさなどが咲いた。雨は降っては晴れ晴れてはまた降った」

梅雨の走りの雨が降っているのだろうか。それともすでに梅雨入りしているのだろうか。降ったり晴れたりする日々が続き、道端にいろんな草花が咲いている。中学校教員の検定試験を受けるために生物学の勉強を始めたこの小説の主人公（林清三）は、しきりに植物の名前を覚えており、その成果がここの草花の名の羅列である。

これを読んでいるあなたには、先の草花が分かるだろうか。ホソイは湿地に生えるイグサ科の草。イによく似ているがイより茎が細く、淡緑色の花が咲く。ユキノシタ、ノビル、ドクダミ、カモジグサは各地の道端に生えているごく普通の草だ。カモジグサは、子どもたちがこの草の若葉をもんで人形のかもじ（髪）にしたらしい。

ナワシロイチゴは草花ではなくバラ科の蔓性落葉低木だ。草のように見えるが、実は木なのである。このナワシロイチゴ、そしてクワノミ、ヤマモモなどは、私の少年時代、梅雨の頃のうれしい食べ物だった。放課後などに仲間と実を探してよく採った。ことに、ナワシロイチゴは麦刈りの日の思い出につながっている。麦わらで籠《かご》を編み、その籠に真っ赤なイチゴを摘んで入れた。籠を編むのは妹の役、籠いっぱいにイチゴを満たすのが兄の私の仕事だった。

ちなみに、『田舎教師』には、「農繁休暇は尚暫《なおしば》し続いた。一週間で授業を始めて見たが、麦刈養蚕田植などがまだすっかり終らぬので、出席生徒の数は三分の一にも満《み》たなかった」とある。私が小学生だった一九五〇年代にはまだこの農繁休暇があり、麦刈りと芋掘りの時期に一週間くらい学校が休みになった。小学生も家の仕事を手伝ったのだ。ナワシロイチゴやクワノミ摘みは、その農繁休暇中のちょっとした楽しみだった。

最後のツユグサは露草、ツユクサ科の一年草だ。ナワシロイチゴを食べ終えると、妹はこのツユクサを摘んで空っぽになった麦わら籠に入れた。

『田舎教師』をすこし読み進めよう。

「梅雨の中に一日カッと晴れた日があった。薄い灰色の中から鮮かな青い空が見えて、光線が漲《みなぎ》るように青葉に照った」

梅雨の間の上天気、すなわち「梅雨晴れ」を見事に描いている。この小説は、

TS

貧乏のために夢をかなえることができない青年を描いているのだが、草花をはじめとして農村の季節の風景が折々に出てくる。平凡に生きるしかないと思うようになってゆく、そんな青年の眼に映った風景だ。

右の梅雨晴れの風景描写は、「青葉の中から白い旗が靡《なび》いた」と続く。白い旗は日露戦争の戦死者の葬列の旗であった。当時、日露戦争が続いており、遼陽の占領（一九〇五年九月四日）で日本全国が歓喜に沸き、清三の住む羽生の町（現在の埼玉県羽生市）でも祝賀の提灯《ちょうちん》行列が町を通っていた。

その全国的歓喜の中で、中学校を卒業してまだ数年の清三は、結核を悪化させて短い生涯を閉じた。日露戦争の勝利と貧しい一青年のひっそりとした死、その対照が印象深い。昼間の葬式は出費がかさむので、清三は夜の十一時に墓地に埋められた。棺を入れる穴には水が出てたまった。

「えのころ、おいしば、ひよどりそう、おとぎりそう、こまつなぎ、なでしこ」。以上は、気分のよい日の夕方、散歩に出た清三が眼にした草花である。

コマツナギを私は知らない。草花図鑑で調べたら、道端や土手に生えていて、細い茎が馬をつなげるくらいに強い、とあった。梅雨晴れの日、コマツナギを探してみたい。

17　苦しいから読め

長塚節《ながつかたかし》の長編小説「土」（一九一二年）は次のように始まる。

「烈《はげ》しい西風が目に見えぬ大きな塊をごうつと打ちつけては又ごうつと打ちつけて皆瘦《や》せこけた落葉木の林を一日苛《いじ》め通した」

西風が林を苛めた、という擬人法、つまり自然を人間と同じように扱った書き方がこの小説の文章の特色だ。「月はこつそりと首を傾けて木の葉の間から覗いて見る」というように、風にしても月にしても人間と同じようにふるまっている。

「土」は関東の鬼怒川《きぬがわ》流域の寒村に住む小作農一家の暮らしを描いている。夏目漱石はその暮らしぶりを、「教育もなければ品格もなければ、ただ土の上に生み付けられて、土と共に生長した蛆《うじ》同様に憐れな百姓の生活」と言った。一家の主人の勘次は盗癖があるし、たしかに教育も品格も欠く。でも、身を粉にして働く勤勉さや、娘への過剰に見えるくらいの愛情があり、「蛆同様」と言われると、漱石センセイ、ちょっとそれはひどいよ、と反論したくなる。勘次の娘のおつぎは、亡くなった母に代わってけなげに一家を支えており、教育を欠いてはいるが、祖父や弟に対する彼女の心遣いにはなにか純なものが感じられる。彼女を蛆虫とは思えない。

ともあれ、勘次一家は食うのが精いっぱいのその日暮らし、こんなに貧しい暮らしがかつてあったのだ、と私は改めて驚いた。彼らは、たとえば次の胡瓜《きゅうり》や南瓜《かぼちゃ》のようなのだ。

「垣根の胡瓜は季節の南が吹いて、朝の靄《もや》がしつとりと乾いた庭の土を湿しておりると何を僻《ひが》んでか葉の陰に下る瓜が、萎んだ花のとれぬうちに尻が曲つて忽《たちま》ちに蔓も葉もがらがらに枯《かれ》て畢《しま》つたのであつた。只南瓜だけは其の特有の大きな葉をずんずんと拡げて蔓の先が忽ちに廁《かわや》の低い廂《ひさし》から垂れた」

この胡瓜も南瓜も「土」に登場する人々と同様なのだ。それが小説「土」の世界である。

自分で堕胎し破傷風にかかって亡くなった勘次の妻、勘次の出稼ぎや開墾、盗癖、義父との葛藤、年ごろになったおつぎへの村の若者たちの注目、家の全焼。こうした出来事が季節の推移、村の年中行事のなかで描かれる。それらの出来事はほとんどが暗い。しかも会話が方言のままということもあってかなり読みづらい。

読みづらさは、当初からこの小説につきまとった。まず新聞に連載されたとき、連載を早く終えろという要求が新聞社の営業部からあったらしい。読みづらいという読者の苦情が多かったのだろう。「土」が単行本になったとき、この小

説の新聞への連載を依頼した漱石が序文を書いた。先に引いた漱石の言葉はその序文のものである。

漱石は序文で、「余はとくに歓楽に憧憬する若い男や若い女が、読み苦しいのを我慢して、此『土』を読む勇気を鼓舞する事を希望する」と言い、次のように続けた。

「余の娘が年頃になつて」音楽会や演劇を話題にするようになったら、自分はぜひとも「土」を読ませたい。娘はきっと嫌だと言う。恋愛小説と取り換えてくれと要求するかもしれない。けれども、そのとき、私は娘に言いたい。「面白いから読めといふのではない。苦しいから読めといふのだ」。いいなあ、この「苦しいから読め」という漱石の言葉。実は、私はかつてこの言葉を知って漱石ファンになったのだった。

世の中には、苦しいのをがまんして、あるいは、嫌なのをこらえて、直視、直面しなければいけないことが多々ある。その一つが小説「土」だ、と漱石は述べたのだ。

長塚節は一八七九年に現在の茨城県常総市に生まれた。彼は村の小学校の図書室に通い、そこの一隅でせっせとこの小説を執筆したらしい。今ふうに言えば、小学校の図書室が彼のスタバ的な、つまり執筆を促した快い場所だったのかも。青田をわたる風が原稿用紙をめくっただろう。というわけで、私はこの夏、「土」の舞台になった鬼怒川のほとりを歩きたい。

18　これから湯に入ります。

「あなたがたから端書《はがき》がきたから奮発してこの手紙を上げます」。夏目漱石がこのように始まる手紙を書いたのは一九一六（大正五）年八月、当時、彼は小説「明暗」を執筆中だった。手紙では、午前中に「明暗」を執筆、午後には漢詩を作っている、という近況を紹介し、「勉強をしますか。何か書きますか」と問いかけ、以下のように続けている。

「君方は新時代の作家になるつもりでしょう。僕もそのつもりであなた方の将来を見ています。どうぞ偉くなって下さい。しかしむやみにあせってはいけません。ただ牛のように図々しく進んで行くのが大事です。」

君方、すなわち君たちと呼んでいる相手は、芥川龍之介と久米正雄。彼らは小説家を志す大学生であった。二人からはすぐに返事が来たらしい。数日後、漱石は再び手紙を書いた。

「この手紙をもう一本君らに上げます。君らの手紙があまりに潑溂《はつらつ》としているので、無精の僕ももう一度君らに向って何かいいたくなったのです。いわば君らの若々しい青春の気が、老人の僕を若返らせたのです。」

この時、漱石は四十九歳だった。十二月には他界する漱石が、若い二人のハガキや手紙を読んで、心をたかぶらせていることが分かる。二人に牛になれと勧めた漱石は、牛になる意義を次のように説いた。

「牛になる事はどうしても必要です。われわれはとかく馬になりたがるが、牛にはなかなかなり切れないです。僕のような老獪《ろうかい》なものでも、ただいま牛と馬とつがって孕《はら》める事ある相の子位な程度のものです。あせっては不可《いけ》ません。頭を悪くしては不可せん。根気ずくでお出でなさい。世の中は根気の前に頭を下げる事を知っていますが、火花の前には一瞬の記憶しか与えてくれません。うんうん死ぬまで押すのです。それだけです。（略）何を押すかと聞くなら申します。人間を押すのです。文士を押すのではありません。

これから湯に入ります。」

『漱石書簡集』（岩波文庫）から引いたが、漱石は若い二人に望みを託している。牛になって人間を押せ、と。それが手紙の用件というか本文だが、実は私は手紙の結びの「これから湯に入ります」がとても好きだ。

今日、私たちは電話やメールで用件を伝える。その場合も、用件だけをしゃべったり書いたりしたのでは味気ない。用件とはあまりかかわりのない余分なことをさりげなく話題にする、それがとっても大事なのではないか。その用件とかかわりのないことは、すてきな残像、快い後味、あるいは余香として働く。いや、本来の用件以上のものを相手に伝えるかも。「これから湯に入ります」は、若い

芥川と久米をまるで裸の付き合いをしている気分にさせただろう。もちろん、当の漱石も、ゆったりと湯につかり、二人といっしょに身も心も解き放っている。暴論に聞こえるかもしれないが、「吾輩は猫である」「三四郎」「心」などの小説も、「これから湯に入ります」と同じである。つまり、余分なことを長く書いたのが漱石の小説だ。別の言い方をすれば、余分なものの豊かさをたっぷりと示しているのが漱石の文学の世界。

ところで、今年（二〇一六年）は漱石の没後百年、そして来年は生誕百五十年にあたる。漱石好きな私としては、この機会にあらためて漱石を読もう、と思っているが、それとは別に、「これから湯に入ります」を実践したいと考えている。電話やメールで用を足す時、用件の後に余分なことを加えるのだ。

先日、メールで高校生の孫と映画に行く日時を確認し合った。その末尾に「今、蟻が膝を登っているよ。二匹だよ」と書いたら、「その二匹、兄弟かなあ。

それともカップル？　ジージの判断は？」と即座に返信があった。
私はとても快い気分になった。

19 鷗外は「をば」仲間

自分と何かの共通点があると、会ったことのない人でも親しみを覚える。たとえば森鷗外。彼は一八六二年の生まれ、夏目漱石や正岡子規より五歳の年長だ。ドイツに留学して医学を研究、その後は軍医の道を歩み、陸軍軍医総監になった。退官後は博物館の総長などを務めた。つまり、エリート官僚として生きた人だ。しかも二十代にして名作「舞姫」を発表、「雁《がん》」「山椒大夫《さんしょうだゆう》」「高瀬舟」などのたくさんの小説を書いた。詩歌にも達者であった。

その鷗外の本名は林太郎。実はこの名は私の祖父と同じだ。ごく普通の農民だった林太郎じいさんは鷗外を読んだことはなかっただろうが、でも、同じ林太郎だし、どこか似ていたかも。たとえば大の甘党だったところ。

鷗外の娘の小堀杏奴《こぼりあんぬ》が父を回想した『晩年の父』（岩波文庫）によると、「甘い物を御飯と一緒に食べるのが好きで」、饅頭《まんじゅう》を御飯の上にのせ、お茶をかけて食べたという。私の祖父は壺に入った砂糖を手のひらにのせてなめていた。その祖父の血を引いた父に至っては、ぜんざいを御飯にかけて食べていた。私はというと、もう四十年近く、朝はあんパンである。

「近所の床屋を頼む事もあるが、大抵は母が自身で父の頭を刈っていた。髪の毛が軟いのでバリカンを使っても少しも骨が折れなかったそうである。」

右も杏奴が伝えている話だが、私も結婚以来、カミさんに髪を刈ってもらっている。

今年（二〇一六年）は漱石の没後百年、そして来年は漱石の生誕百五十年にあたる。今や漱石の人気はとても高く、彼は近代日本の大文豪と見なされている。私は漱石ファンだから、それはそれでうれしいが、漱石を考えるとき、そのそばに鷗外を置くようにしたい、と思っている。文学いちずに生きた漱石、そして文学にかかわりながらも文学とは別の生業を持った鷗外、そのタイプの異なる二人がいることで、近代日本の文学は分厚くなったのではないか。

ちなみに、詩歌の人には鷗外タイプが多い。漱石の親友だった子規も新聞記者を生業《なりわい》としながら俳句や短歌を作った。歌人の斎藤茂吉は医者だったし、詩人の西脇順三郎は大学教授だった。漱石のように小説を書くことだけをした人は意外に少ないかもしれない。

では、『晩年の父』から私の好きな鷗外像を取り出そう。

「夕方、家中《うちじゅう》が集って食卓を囲んでいる時、一しきり為事《しごと》を片付けて後から入って来る父は、子供たちの顔を見廻《みまわ》しながら、『皆《みな》、揃《そろ》った、揃った』と嬉しそうにいって自分の席に坐り、背をかがめ、細く膝をゆするようにして微笑しながら頷《うなず》くのであった。」

「父だけ特別副食物を作るなどというような事は絶対になく、いつも皆同じものなのだが、私たちの好きなものが出ると父は大抵自分が食べないで私たちに呉《く》れてしまうので、母は困ってよくこぼしていた。」

ここにいる父親としての鷗外は、私たちの多くと変わりがないのではないか。家族がそろってうまいものを食べる、それが一種の至福なのだ、と鷗外は考えていたか。

石炭をば早や積み果てつ。

右は「舞姫」の冒頭文。五年間の留学を終えた主人公は、船で日本に帰るが、その途中で今のベトナムの港に寄港した。その港で船に石炭を積み込み、いよいよ出発の用意ができた、というのがこの文だ。高校時代、「舞姫」に触れた途端に私はこの文を覚えた。そのころ、私は〈をばの坪さん〉と呼ばれていた。これをばくれ、あれをば買いたい、というように何かと「をば」を口にしたから。

「をば」の多用は私の育った地域の特色だった。「舞姫」を開いたとき、あっ、鷗外は「をば」仲間だ、と思ってうれしくなった。

20 あんパン命と草花命

一番大事なものを表すとき、あなた命、あんパン命などと言う。それに命を預けるという意味だ。ちなみに、あんパン命は私自身のこと。もう四十年近く、朝はあんパンと決めて食べてきた。だから、あんパンあっての私、という感じだ。もっとも、気の多い私は、~命があんパンに限らない。動物のカバ、果物の柿、本なども~命だ。

やや弁解めくが、~命を一つに限定しないほうがよい。一つにしてしまうと、世界が狭くなるし、なにかと窮屈である。対象が人であっても、スマートな人もいいが、ずんぐりにも別の味がある。浮気は心が軽いと見なされがちだが、軽くはあっても広いかもしれない。つまり、～命は、一人の人にいくつかあってもよいだろう。

草花命、を宣言したのは明治時代の革新的文学者、正岡子規であった。彼は俳句、短歌、文章の革新を試み、後代に大きな影響を与えた。というか、彼の開いた道において、現代の俳句、短歌、文章が作られている。

子規は気が多くて、漢詩、新体詩、小説も試み（これらはうまくいかなかった）、ベースボールに熱中し、絵も描いた。

今やかの三つのベースに人満ちてそぞろに胸の打ち騒ぐかな

この歌、ツーアウト満塁、という場面であろう。確かに心の騒ぐ場面だが、この歌を詠んだ一八九八（明治三十一）年の子規は、実はカリエスが悪化、時に人力車で外出したが、ほぼ寝たきりの日々になっていた。だからこのベースボールの歌はまだ元気だったころを回想したものである。

足腰が立たなくなった子規は、病床から見える庭の草花を発見した。子どものころ、すでに草花が好きだったことを思い出し、自分の庭は「余が天地にして草花は余が唯一の詩料となりぬ」（「小園の記」）と述べた。詩料は詩の材料だ。子規はまた、「花は我が世界にして草花は我が命なり」（「吾幼時の美感」）とまで言い切った。

「ごてごてと草花植ゑし小庭かな」「テーブルを庭に据ゑたり草の花」「首あげて折々見るや庭の萩」

これらの俳句は、庭の草花を楽しむ子規のようすを伝えるだろう。

草花命を宣言した子規は、寝たきりのその病床において、短歌と文章の革新に挑む。元気な間にほぼ成就していた俳句の革新を元にして、身辺に美をみつける写生的な短歌と文章を試みたのだ。ちなみに、写生的とは、作者が面白いと思ったことが、目に見える絵（イメージ）として読者に感じられることを言う。先のベースボールの歌や草花の俳句はまさにその例と言ってよい。

　子規は、逆境というか自分の負（マイナス）の条件を、そのまま引き受けて生きた。足腰が立たないというのは負だが、それを引き受けると、目の前に庭の草花が現れた。彼はやがて、寝たままで飲食、執筆、読書などの一切をしなくてはいけなくなる。結核菌が脊椎《せきつい》などを腐らし、背や腰に穴があいて膿《うみ》が出るようになる。いわば体が腐ってゆくのだが、そうなると、その条件でできることを彼は思いつく。たとえば墨汁一滴《ぼくじゅういってき》という文章の書き方。

　筆を長時間持てなくなった彼は、筆に一回だけ墨をふくませ、その一滴の墨で書ける文章を「墨汁一滴」と名づけて新聞に連載した。その翌年、すなわち亡くなる年の一九〇二年には、同じ形式の短文を「病牀六尺《びょうしょうろくしゃく》」と名づけてやはり新聞に連載した。病牀六尺とは彼が仰臥《ぎょうが》していた敷布団一枚のとても狭い場所である（牀は床と同義）。最晩年の彼はその病牀六尺の世界に草花を持ち込み、水彩

絵の具で写生画をせっせと描いた。「病牀六尺」ではそのようすを次のように書いている。造化の秘密とは大自然（宇宙）の仕組みである。

「草花の一枝を枕元に置いて、それを正直に写生して居ると、造化の秘密が段々分つて来るやうな気がする。」

もっとも狭い場所が宇宙にまで広がっている。すてきだ。

21 子どもと言葉

北原白秋、萩原朔太郎、山村暮鳥、中原中也、高村光太郎、八木重吉、新美南吉、まど・みちお、谷川俊太郎……。以上は私の好きな詩人たち。どの詩人も言葉の中に子どもがいる。つまり、小学生にも通じる詩を残した。たとえば朔太郎なら次の「蛙《かえる》の死」、詩集『月に吠《ほ》える』（一九一七年）にある作品だ。

蛙が殺された、
子供がまるくなつて手をあげた、
みんないつしよに、
かわゆらしい、

血だらけの手をあげた、
月が出た、
丘の上に人が立つてゐる。
帽子の下に顔がある。

いくどか音読すると、まるくなった子どもたちのようす、丘の上に出た月と、その丘に立つ人があざやかに目に浮かぶ。そして、帽子の下の顔のあやしさに胸がさわぐだろう。

血だらけの手を挙げた子どもたちと、帽子の下の顔とにどんな関係があるのだろうか。いや、関係というよりも、人間の持つ残虐さの生々しさがこの詩の風景なのかも。そのあたりは読者が自由に思いをめぐらせばよい。

そういえば、まど・みちおが『どんな小さなものでも　みつめていると　宇宙につながっている』という長い題の本（二〇一〇年、新潮社）で述べていた。「子どもが一生懸命考えて『ああ、これだ！』と分かるような難解さがあることが、本当に『やさしい』ことだと思うのです。」子どもを喜ばせようとしてお子さまランチの旗を使うようなことは、子どもにこびること、そうではなく、子どもも大人も同じ人間なのだから、その人間のところで仕事をする、そうすると、何かが相手に響くはずだ。こうした思いの後に続くのが引用した言葉であった。

単にやさしく、分かりやすいだけではだめ。それはお子さまランチの旗みたいなものだ。子どもがおのずと考えこむ、そして一生懸命に考えて分かったもの、それが人間どうしを結びつける。以上のようにまど・みちおは言うのである。朔太郎の詩の場合、風景の不思議さが子どもをおのずと考えさせるだろう。考えることへ引き込むのだ。

イメージやリズムが瞬時にして読者を考え込ませる。それが詩の、あるいは詩の言葉の力であろう。では、まど・みちおの詩を引こう（『まど・みちお全詩集』一九九二年、理論社）。

ことり

そらの
しずく？

うたの
つぼみ？

目でなら
さわっても いい？

TS

しずく、つぼみという言葉がおのずと読者を考え込ませるだろう。心がこれらの言葉に向かって開かれるのだ。そうすると、目でさわる、ということが具体的になる。目でさわるとは小鳥を見ることなのだが、しずく、つぼみ、さわると続くと、目が直接に小鳥に触れているような生々しさを感じる。見るってこういうことだったのだ、と納得する。つまり、難解なものがほろりとほぐれる。

私はときどき、小学生たちと俳句を作る。その際、自己紹介がわりに自作を音読してもらう。

三月の甘納豆のうふふふふ

たんぽぽのぽぽのあたりが火事ですよ

春の風ルンルンけんけんあんぽんたん

これら私の句をいっしょに音読すると、子どもたちの緊張感がたちまちほぐれる。先日など、音読を終えた途端に、「おっ、せんせい！」と言って男の子が私のおなかに触った。そして言ったのである。「うん、でっか！」こうなるとしめたもの、子どもたちと私の間で言葉が響く。

22　泥棒になる星のもとで

十二月九日は漱石忌、すなわち夏目漱石の亡くなった日だ。彼は一九一六年のその日、四十九歳で他界した。

漱石忌全集既に古びそむ　　日野草城

書棚の漱石全集が古くなってきた、という俳句だが、漱石全集はもっぱら岩波書店から出ていて、今年（二〇一六年）の漱石忌に『定本漱石全集』という新しい全集の第一巻が発行になる。漱石全集の第一巻は「吾輩は猫である」が定番だ。今年は没後百年、来年（二〇一七年）は生誕百五十年の漱石は、この新しい全集によってさらに読者を獲得するのか。

ところで、漱石の生まれたのは一八六七（慶応三）年の庚申《こうしん》の日であった。庚申の日は六十日に一回めぐってくるが、その日にはお籠《こも》りをして身をつつしむ習慣があった。私の母も、今夜は庚申のお籠りだ、と言って、近くのお堂へよく出かけていた。籠る場所を庚申堂と言い、かつては町々村々にその庚申堂があった。

私たちの体内には三尸《さんし》の虫がすみついている。この虫、人のすきをついて庚申の日に空に昇り、天帝にその人の行いを報告する。その報告に応じて天帝は人の寿命などを決定した。それで、庚申の日にはお籠りをして身を清めたのだ。かつて出産は不浄とみなされており、庚申の日の出産はことに嫌われた。でも、庚申は六十日ごとにやってくるのだから、当然ながらその日に生まれる子があった。先に述べたように漱石も庚申生まれの子どもだった。

庚申に生まれた子は、将来、泥棒になると言われていた。有名な泥棒の石川五右衛門や鼠小僧《ねずみこぞう》次郎吉も庚申生まれだという。漱石も泥棒になる運命を負って誕生した。

漱石の本名は夏目金之助である。この金之助という名は泥棒にならないためのまじないであった。金之助（キンノタスケ）を借りて泥棒になる運命を克服しようとしたのだ。だから、庚申信仰が生きていた時代には金または金偏の名のついた人がいっぱいいた。金太郎、金次郎、銀次郎、あるいは金さん、銀さんなど。祖先に金または金偏の名の方がいたら、その人はほぼまちがいなく漱石と同じ星のもとに生まれている。

さて、漱石のまじないはよく効いて、なんと一九八四年から千円札の顔になった。今の千円札は野口英世だが、その前が漱石だったのである。

漱石の小説「三四郎」は、三四郎が熊本から上京する列車の場面から始まる。

日露戦争に勝った日本は、これからだんだん発展するでしょう、と三四郎が言うと、隣り合わした男（広田先生）が、「亡《ほろ》びるね」と応じる。三四郎は、熊本でこんな言い方をしたら国賊《こくぞく》扱いにされる、とびっくりする。日本は太平洋戦争に負けて亡んだのだから、広田先生の予測はあたったと言ってよい。

日露戦争に関して言えば、漱石は小説「趣味の遺伝」の冒頭ですさまじい戦場風景を描いている。狂った神の命令に従って、獰猛《どうもう》な犬たちが日本人とロシア人の血をすすり肉をくらい骨をかみくだく。たとえば肉だと、「めりめりと腕を食い切る、深い口をあけて耳の根迄胴にかぶり付く。一つの脛《すね》を啣《くわ》えて左右から引き合う」。要するに、日露戦争を狂気の沙汰《さた》として描いたのだ。戦争とは、どんな戦争も実際は狂気の沙汰なのかもしれない。

さて、泥棒になる星のもとに生まれた金之助はすぐに里子に出され、ついで塩原家の養子になった。塩原から夏目の姓に復したのは二十一歳の時だった。彼は

金
TS

あっちへやられこっちへやられした子どもだった。

「吾輩は猫である。名前はまだない。どこで生まれたかとんと見当がつかぬ」。

これは漱石を小説家にした話題作「吾輩は猫である」の冒頭。あちこちへやられた漱石とこの名のない猫は似ているかも。

23　貫一ぐもりと赤い月

貫一ぐもり、という言葉、ご存じだろうか。『365日「今日は何の日か?」事典』(一九九一年、講談社カルチャーブックス)に出ている言葉だ。〈一月一七日の夜が曇空になることをいう。出典は尾崎紅葉の『金色夜叉《こんじきやしゃ》』。主人公の貫一が熱海の海岸で裏切った恋人の宮《みや》に、「一月の一七日だ。来年の今月今夜になったらば、僕の涙で必ず月は曇らして見せるから」と言ったことから〉

さきの事典は右のように説明している。もしかしたら、一時期、季語として使われたのではないか、と思う。でも、まだ「貫一ぐもり」を詠んだ俳句に出会わない。

紅葉の『金色夜叉』は、一八九七(明治三十)年から一九〇二(明治三十五)

年にかけて断続的に新聞に連載されたが、作者の死によって未完に終わった。紅葉は一九〇三年十月に三十五歳で死去した。ちなみに、夏目漱石、正岡子規、幸田露伴などと同年（旧暦）の生まれであり、この人たちは今年が生誕百五十年に当たる。

『金色夜叉』はすでに二十回以上も映画化されている。でも、近年は話題になることがあまりない気がする。手元の資料では、一番新しい映画が一九五四年の根上淳、山本富士子が主演のものだ。

『金色夜叉』はもはや古いのか。確かに文体はやや古めかしい。でも、金（金権）が大きな力を持つことは、今なお『金色夜叉』の時代と同様である。恋人（お宮）が金になびいたと思いこんだ貫一は、自身が金の亡者（金色夜叉）の高利貸しになる。毒をもって毒を制する発想なのだろうが、作者の構想では、最後には愛が勝利するはずだったという。つまり、この小説を貫いているのは愛の力なのだ。
結婚したものの貫一を愛し続けるお宮。無視されながら貫一をひたすら愛する満枝。彼女たちは確かに愛の強さ、激しさを生きている。金（金権）に翻弄されるのは男たちで、女たちは金の世をしぶとく愛に生きている。そんな感じが私にはする。

ともあれ、貫一はお宮の話をちゃんと聞かないで、一方的にお宮を難じる。このあたり、男に今でもありがちな傾向という感じがする。では、熱海の海岸における貫一の有名なセリフを引こう。

〽一月の十七日、宮《みい》さん、善《よ》く覚えてお置き。来年の今月今夜は、貫一は何処で此月《このつき》を見るのだか！　再来年の今月今夜……十年後の今月今夜……一生を通して僕は今月今夜を忘れん、忘れるものか、死でも僕は忘れんよ！　可《い》いか、宮さん、一月の十七日だ。来年の今月今夜になつたらば、僕の涙で必ず月は曇らして見せるから、月が……月が……月が……曇つたらば、宮さん、貫一は何処かでお前を恨んで、今夜のやうに泣いて居ると思つてくれ〉

お宮は考えていることがあると必死に訴えるが、貫一は聞く耳を持たず、自己陶酔的に月を曇らせるとしゃべって、すがりつくお宮を足蹴《あしげ》にする。どうも浅はかだ、貫一は。

しかも、このセリフの大げさなこと。泣きたかったら勝手に泣けよ、と言いたいが、この大げささがかつて人々に受け、貫一ぐもりという言葉まで生み出したのだろう。

貫一に対して私は否定的な見方をしているが、その貫一、後にはすごい夢を見る。お宮と満枝が貫一の愛を求めて血みどろの争いをする夢。なんと、二人は愛に殉じて自殺する。貫一はお宮の死体を背負うが、とても軽い。しかもよい香りがする。大きな白百合の人の顔のような花が、満開の花びらを垂れて貫一の肩に掛かっていたのだ。死んだお宮は白百合になった。この幻想夢から覚めた貫一

は、愛は勝つという思いへ進むはずだったが、先に述べたように小説は未完になってしまう。

ところで、一月十七日は一九九五年の阪神・淡路大震災の日である。その日、私は所用で東京にいたが、電車を乗りついで夜に大阪の自宅に戻った。車窓に異様に赤い月があった。貫一ぐもりではなかった。

Ⅱ　カバのいる日々

初出　「しんぶん赤旗」連載（二〇一四年一一月から十二月まで六回）

1　長い付き合いの始まり

どうしてカバが好きなのですか、とよく問われる。ゾウとかキリン、ゴリラ、そしてパンダやコアラなど、ほかに魅力的な動物がいっぱいいるじゃないですか、と言わんばかりの口調で。

それはそうなのだが、私はカバが好き。でも、カバは見向いてもくれない。ゾウやキリンだと近づいて来て愛想のひとつもふりまくだろうが、カバはといえば、すぐ水に沈むか、どてっところがっている。時に目が合う。あっ、つぶらな黒い目！　とうっとりするが、その目に表情があるわけではない。

私は当年（二〇一四年）七十歳。カバが好きになったのは小学校の高学年のころ。太平洋戦争の敗戦から間もない昭和二十年代の終わりごろである。当時、カバヤキャラメルのファンであった。というより、このキャラメルが景品にしたカバヤ文庫に夢中になった。キャラメルの箱の中に文庫引き換え券が入っており、たとえばカバの王様のカードを引き当てると文庫一冊がもらえた。「レ・ミゼラブル」「アンクル・トム」などをこの文庫で読み、私はすっかり本好きになった。

そのカバヤのトレードマークがカバ。岡山のカバヤの会社では、カバの顔をした宣伝カーを作って走らせた。私はその模造のカバを追っかけた。それがカバとの長い付き合いの始まりだった。

カバヤ文庫のことは『カバヤ文庫の時代』（沖積舎）に、カバとの付き合いは『カバに会う——日本全国河馬めぐり』（岩波書店）にすでに書いている。還暦を記念して日本全国のカバに会った私は、その時点でカバとの付き合いに区切りをつけるつもりだった。だが、それから十年、カバがさらに好きになっている。

1119
TS

というのも、いっこうに愛想がないから。いくら通いつめても反応しないカバ、そんなカバを一方的に愛するのは、対象が人間であったらストーカー。私はカバストーカー?

カバへ通いつめ、無理やりカバに抱きついたら、それはまさにストーカー、いや、カバはびっくりしてあの大きな口でかみつくだろう。ストーカーではない私は、ただカバのそばにいるだけ、眺めるだけ。そして思う。相手にされないものの、心の通わないものに、こちらの心を開いておこう、と。それを老人としての日々の態度にしたいのだ。

2　来日から百余年

あなた、このエッセーを読もうとしているあなたは、最近、カバを見ただろうか。公園で見た？　あっ、あの遊具のカバ。子どもが乗って前後、上下にゆすって遊ぶカバを各地の公園でよく見かける。

カバは一九一一（明治四十四）年に日本に来た。はるばるドイツから東京の上野動物園にやって来たその一頭のカバは、今のパンダ並みの人気だったらしい。それから百余年の間に上野動物園では約三十頭のカバを飼育したが、日本各地にもカバは広がった。でも、現在のカバの分布にはかたよりがあるかもしれない。たとえば日本海側。カバがいるのは石川県のいしかわ動物園だけである。しかもそのカバも、カバの子どもくらいの大きさのコビトカバ一頭（※）。でっかいカバは日本海側のどこにもいないのだ。ちなみに、でっかいカバはアフリカが故郷であり、草原地帯の川に群れて住んでいた。コビトカバもやはりアフリカが故郷だが、リベリアなどの森にごく少数がいるだけ。世界の珍獣だと言われているが、私にとってカバはやはりでっかいもの、コビトカバを見てカバとは思えない。と言えば、それこそかたより、ネンテンの偏見だと言われかねないが。

ともあれ、カバのいる地域にはかたよりがある。中国地方も山口県の徳山動物園にいるだけだが、私の住む関西はカバ地帯だ。兵庫県に三カ所、そして大阪、京都、和歌山にもそれぞれいる。首都圏は、上野動物園のほかには栃木に二カ所、そして千葉、埼玉にいるが、関西に比べると少ないかも。上野動物園には一頭（※）がいるきり、最近の同園はもっぱらコビトカバの飼育に力を入れているようだが、巨大都市・東京にはもっとカバがいてもいいのに、と上京するたびに

TS

私は思う。丸の内のビル街の広場、隅田川の一隅などにカバがいたら、なんだか日本が変わる感じ。えっ？　臭くなるだけ、だって。うーん、そうかなあ。不忍池《しのばずのいけ》にカバが群れている風景なんて、まさに絶景ではないか。

「横ずわりして水中の秋の河馬」「水澄んで河馬のお尻の丸く浮く」「秋晴れてごろんと河馬のお尻あり」。これらは私の俳句。でっかい尻をこっちに向けて横ずわりした水中のカバ、そんなカバを想像して、私はしばしうっとりする。

＊二〇一七年三月現在、いしかわ動物園にはコビトカバが二頭、上野動物園にはカバ二頭がいる。

3　五分のしんぼう

つい先日、大阪の天王寺動物園のカバ舎周辺をうろついていた。雑誌の取材をカバの前で受けることになっていたのだ。その時、「あっ、カバ先生が来てる！」と声があがった。孫を連れた同年代の男性の声。私の知らない人である。とてもうれしかった。何が、って。そんな呼ばれ方をしたことが、だ。その人、私のカバ好きをちゃんと認めてくれていたのだ。

数語を交わしただけで、その人は孫を追って走り去った。四、五歳くらいの孫は少しもじっとしておらず、カバにもカバ先生にも関心がない。

ちなみに、その時、カバ舎のプール（水槽）にはカバが沈んでいた。天王寺動物園には高性能の浄化装置があり、水がいつも澄んでいる。透明な水の中にいるカバは、少し注意しないとカバであることが判然としない。男性の孫がすぐにカバ舎を離れたのも無理はないのである。

その日は晩秋の空が高かった。動物園日和とでも呼びたい天気で、幼稚園児や小学生がたくさん来ていた。彼らはカバ舎の前に次々とやって来たが、数分で去ってゆく。沈んだままのカバはおもしろくないらしい。「もぐってばっかりや。カババカ、バカカバ!」と叫んで駆け去る子もいる。

彼らと並んで柵にもたれていた私は、もうちょっとここにおればいいのに、と心で思っていた。というのも、カバは五分も待つと必ず水上に顔を出す。息継ぎのためだ。そのとき、耳をプルプルッと振る。そのしぐさがとてもかわいい。

カバと対面するにはしんぼうがいる。最低五分のしんぼう。だが、これがなかなかむつかしい。しんぼうしない子は、おもわず「カババカ、バカカバ!」と叫んでしまう。

TS

カバめぐりを始めた当初、私もしんぼうのできない人だった。せっかく来たのだから、と最低一時間はカバ舎にいることを自分に課した。ところがこれが大変、あまり動かないカバは退屈きわまる。ある日、カバを見たり、周辺の他の動物を見たりして時間をやり過ごしていた。要するに、カバの前を行ったり来たりしていた。四十分くらいしたころ、近くの売店のおばさんがすっと寄ってきて言った。「あのう、お孫さんとはぐれましたか。園内放送を頼みましょうか」

動物園には孫と祖父母の連れがとても多い。

4　やさしい草食系

カバって、足（脚）がひどく短いでしょ。ある日、女子学生が言った。大学の研究室でコーヒーを飲みながら雑談していた折のことである。

短足だからでかい体が支えられる。ものは考えようで、カバの短い足は大地にしっかりついている。堂々と大地を踏まえているよ、と私。

でも、おなか、お相撲さんよりもでっかいですよ。口もでかいし、カバってどうみても不器量ですよね。

うん、三トン以上あるからね。でも、腹が太いとは人間でいえばとても大物。口もね、あんなに大きいから虫歯予防のキャラクターになった。

お尻もでかいですよ。しかも糞《くそ》まみれ。センセイはあのお尻も弁護しますか。

女子学生はやや口をとがらせた。

弁護はしないけど、と私。そして以下のように続けた。

野生のカバは昼間は川にいるので、尻は自然に水に洗われている。それに、カバのまわりにむれて口の中から尻までつつく魚がいる。大阪の天王寺動物園に行くとカバと魚がまさに共生しているよ。先日、そこの飼育係の人に聞いたけど、ティラピアという魚で、和名をイズミダイと言うらしいよ。カバの糞だけで育っている。もちろん、食用にもなる。

女子学生、目を丸くして、先生もそのタイ、食べたのですか、と聞いた。

いや、食べてはいない。カバ糞だけで育った、と思うと、ぼくでもちょっと口が開かない。でもカバの餌は草だから人間のそれのようには臭くない。馬糞や牛糞みたいなものだ。

TS

あっ、カバって草食系ですか。

そうだよ。主食は草。日本の動物園のカバたちは主食の草のほかにトウモロコシ、ジャガイモ、オカラなどを食べている。時にはスイカなどもね。

じゃ、カバのオスは草食系男子ですか。いつかテレビでカバは残虐だと報道していましたよ。他の動物や人間を襲うらしいです。そんな草食系って、ありですか。

ないよね。ウシ、ウマ、シカ、ヒツジ、キリン、ゾウ、ウサギなども草食だけど、みんなおとなしい。こっちが危害を加えないかぎりかみついたりはしない。なにしろ肉は食べないから。やさしいよ、草食系カバは。

5　可憐さとだらしなさ

息継ぎのために水から顔を出したカバは、耳をプルプルッと勢いよく振って水をはじく。そして、丸い漆黒の目でこっちを見る。思わず「カワイイ！」と叫びたくなる。

でも叫びはしない。なにしろ七十歳である。「カワイイ！」はあまりにも教養と品位を欠く。では、どうするか。どうもしない。黙ってカバを見つめている。カバの方でもすぐに水に潜ってしまう。それから数分、私はどきどきしている。数分後、またあのカバが現れるのだ。

要するに、水から顔を出したとき、カバはもっとも美しい。可憐なくらい。あのでっかいカバに可憐はないだろう、という人がいるかもしれないが、小さな耳と目は可憐と言うしかない。

逆に、とってもみっともないというか、だらしない一面もカバは見せる。「春を寝る破れかぶれのように河馬」「炎天やぐちゃっと河馬がおりまして」は私の俳句だが、暑い日などに寝そべっているようすは、ぐちゃっ、べちゃっとして、まさに教養も品位もあったものではない。おまけにしっぽは糞まみれ、口からは白いよだれのようなものを流している。でも、そんなカバに、実は私はあこがれている。私だって、ときにはぐちゃっとなりたいのだ。

「桜散るあなたも河馬になりなさい」。これも私の句だが、私がなりたいのは、可憐さとだらしなさを併せ持ったカバ。考えてみれば、誰だって、あるいは何だって、この両者にあたるものを持っているのかもしれない。もちろん、この私だって。

七十歳で可憐は変だよ、という声がかかりそうだが、その見方は偏見だろう。

TS

偏見であることを、可憐でだらしないカバが見事に証明しているではないか。
そういえば、名作小説「山月記」の作者、中島敦《あつし》が、カバを漢詩に詠んでいる。次はその一節。

悠々として独り住む別乾坤《べつけんこん》
美醜賢愚は俗論に任す

動物園のカバのようすだが、「別乾坤」は別世界。カバはこの世とは別の世界にいるのであり、この世の論理でカバの「美醜賢愚」を論じても無駄だ、というのである。賛成だが、でもでも、可憐と思ったり、だらしなさにあきれたりしながら、私はせっせとカバ通いを続けている。

6　クジラと親戚

カバを見に行くときはリュックサックを背負う。リュックにはビニールシート、雨傘、カメラ、ノート、お茶、あんパンなどを入れる。好物のあんパンはおやつである。カバ舎の前にビニールシートを敷いて座り、あんパンを食べる気分は最高だ。ちなみに、私は朝食はあんパンと決めており、もう三十年以上、食べ続けている。

ところで、カバに関する最近のビッグニュースは、カバはクジラに一番近い、ということかも。分子生物学者の岡田典弘さんらが、遺伝子や化石の研究を通して、カバとクジラは共通の祖先を持ち、両者はもっとも近い親戚だと証明したのだ。カバに近いと言えば、ウシ、サイ、ブタなどを連想するが、あのクジラが実はもっとも近い親戚だった。意外で新鮮、なんともうれしい学説ではないか。私は思わず、ヴォッ、ヴォッ、ブウー！　と叫んでしまった。これはカバ語で、やった、やった、うれしい！

水中の河馬が燃えます牡丹雪
七月の水のかたまりだろうカバ
河馬になる老人が好き秋日和
ぶつかって離れて河馬の十二月

私のカバの句を挙げた。水の中のカバが燃えるなんてことはないが、燃える風景を想像することはできる。赤い炎を吹いてカバが燃えていると、天空からふわりふわりと真っ白い牡丹雪が舞う。この句、五七五の言葉の風景画である。

TS

カバを見に行く、と話すと、カバの前で俳句を作るのか、とよく問われる。俳人だから作るべきかもしれないが、ほとんど作らない。作ろうとすると仕事の時間になってしまう。仕事を忘れてしばらく茫然とする。あんパンなどを食べながら。それが私のカバと過ごす時間だ。

さて、近年、日本のカバたちの世代交代が進んでいる。十年前に私の会ったカバたちは、その多くが老衰で他界し、各地の動物園には新世代のカバが暮らしている。これから数年かけて、私はそのカバたちに会うつもり。

デュビュ　ヴッ　ヴヴッッツ。これはカバ語の「また会いましょう」。このカバ語、今は私しか知らないのが残念だが、このエッセーを愛読してくださった皆さん、こんどはどこかのカバ舎の前で会いましょう。ビッブビッ（お元気で）。

あとがき

「中学・高校時代に学んだ名作を学び直したい、最期まで成長し続けたい、という強い思いを持っています。学生の頃は、あまりぴんとこなかった文学作品が、人生の経験を重ねて、しみじみとすぐ身にしみて理解できるようになる、ということでしょうか。作品を読み解いていただきながら、先生ご自身のお話を交えて展開していただけましたら、ありがたく存じます。先生の授業を紙上で受けるような感じです。」

ある日、右のような依頼状が「赤旗」文化部の平川由美さんから届いた。平川さんとは俳句をめぐって電話で話したことがあり、カバにかかわるエッセー（本書の「カバのいる日々」）を「赤旗」紙上に載せてもらった。電話で話した当初から、話のすっと通じる人、それが平川さんだった。こんどの依頼状でも、「最期まで成長し続けたい」という平川さんの思いに私はすぐ共感した。七十歳で大学を定年退職した私にとって、それは実は切実な思いであった。

老いてなお成長する。死ぬまで成長する。そのような成長って、どういうものだろうか。若い日の成長には身体の成長が伴っている。いわば若い木の伸びる感じがその成長だが、さて、中年以降になるとどうだろう。もはや幹や枝はさほど伸びない。でも、若い木よりもどっしりとしているし、梢も高い。小鳥たちが群れたり、人が木陰で休んだりする。そのような成木というか老木の味わいは格別なのではないか。というようなことを思いながら「文学のある日々」の連載を続けてきた。平川さんの期待に応えられているかどうか、それはおぼつかないが。

連載は今も続いており、これまでの二十三回分と「カバのいる日々」とを合わせてこの本ができた。軽快なしゃれた本に仕上げてくれたのは新日本出版社の久野通広さん。二つのエッセーの連載に楽しい挿絵を添え、そしてまたこの本でも表紙絵などを描いてくれたのは似顔絵画家の佐々木知子さん。二人の厚意に感謝している。

時は春、私の散歩道では木々の芽がふくらんできた。ケヤキ、カシ、クスなどの大きな幹を手で触って歩く、それがこのところの私の楽しみだ。

二〇一七年三月

坪内稔典

坪内稔典（つぼうち　としのり）

1944年愛媛県生まれ。俳人。立命館大学卒。京都教育大学名誉教授。俳句グループ「船団の会」代表。「ねんてん先生」の愛称で親しまれている。
著書『四季の名言』（2015年、平凡社）、『柿日和――喰う、詠む、登る』（2012年、岩波書店）、『子規とその時代』（2010年、沖積舎）、『モーロク俳句ますます盛ん――俳句百年の遊び』（2009年、岩波書店）、『カバに会う――日本全国河馬めぐり』（2008年、岩波書店）ほか多数。

ねんてん先生《せんせい》の文学《ぶんがく》のある日々《ひび》

2017年4月25日　初　版

著　者　坪　内　稔　典
発行者　田　所　　　稔

郵便番号　151-0051　東京都渋谷区千駄ヶ谷4-25-6
発行所　株式会社　新日本出版社
電話　03（3423）8402（営業）
03（3423）9323（編集）
info@shinnihon-net.co.jp
www.shinnihon-net.co.jp
振替番号　00130-0-13681
印刷　光陽メディア　　製本　小泉製本

落丁・乱丁がありましたらおとりかえいたします。

ISBN978-4-406-06137-7　C0095 Printed in Japan